LES

Mandats Internationaux

Le Contrôle International
de l'Administration Mandataire

LES
Mandats Internationaux

Le Contrôle International
de l'Administration Mandataire

PAR

D. F. W. Van REES

VICE-PRÉSIDENT DE LA COMMISSION PERMANENTE DES MANDATS

PARIS

LIBRAIRIE ARTHUR ROUSSEAU

ROUSSEAU & C°, Editeurs

14, RUE SOUFFLOT, ET RUE TOULLIER, 13 (v^e)

—

1927

AVANT-PROPOS

Parmi les nombreux problèmes qui, à la suite de la guerre, appelèrent une solution de la part des nations victorieuses, il n'en est guère qui aient suscité un intérêt aussi général et qui aient éveillé de si grands espoirs que le sort qu'il importait de faire aux anciennes colonies allemandes et aux territoires d'Asie-Mineure détachés de l'Empire ottoman.

Ce phénomène n'avait, en vérité, rien de surprenant. Il s'agissait de vastes régions, réparties sur trois continents, dont l'ensemble couvre une superficie de plus d'un million et quart de milles carrés, et habitées par environ vingt millions d'indigènes se trouvant à des degrés très différents de civilisation. L'avenir de ces régions et de leurs habitants ne pouvait manquer de préoccuper profondément les nombreuses associations humanitaires qui, dans tous les pays civilisés, s'attachaient à favoriser, dans la mesure de leurs moyens, l'évolution matérielle et morale des peuples arriérés d'outre-mer. D'autre part, l'introduction dans le domaine du droit international public de l'élément complètement nouveau et riche en conséquences juridiques complexes que constituaient les mandats internationaux ne pouvait pas non plus manquer d'intéresser vivement les milieux qui se vouaient à l'étude du droit des gens.

Aussi, dès son entrée en vigueur, le régime des mandats n'a cessé de faire l'objet d'innombrables commentaires de tout genre et d'études juridiques. Ce mouvement d'idées a été si important que les publications ayant trait aux mandats se sont succédées sans arrêt, à tel point que, à l'heure présente, il ne serait guère possible d'en établir une bibliographie quelque peu complète.

Le présent essai ne vise ni à constituer une étude historique des mandats internationaux, ni à donner un développement théorique des multiples aspects du régime des mandats. Il ne sera touché à ces sujets que pour autant qu'il apparaîtra inévitable de ne pas les passer sous silence.

Comme son sous-titre l'indique, l'objet principal de cet essai n'est autre que de commenter, à la lumière des dispositions qui régissent le régime des mandats le caractère et l'étendue du contrôle international de la gestion des Puissances mandataires.

A cet effet, la matière a été divisée en deux parties. La première qui n'a, en quelque sorte, qu'un caractère introductif, expose sommairement les principes qui sont à la base de l'institution des mandats internationaux et les mesures prises en vue de la mise en vigueur de ces principes. La deuxième tente en premier lieu d'expliquer, en détail, le sens et la portée du contrôle qu'exerce la Société des Nations, contrôle auquel les Puissances mandataires sont tenues de se soumettre ; elle traite, d'autre part, du rôle que joue la Commission permanente des mandats, de son organisation, de son fonctionnement et de l'esprit dans lequel elle poursuit sa tâche délicate.

Puisse ce travail contribuer quelque peu à dissiper certains malentendus qui se sont produits récemment et qui risqueraient d'affecter sérieusement l'avenir d'une des plus heureuses innovations nées de la guerre et reconnue universellement comme un des plus nobles résultats du Traité de Versailles.

PREMIÈRE PARTIE

Les Mandats et le Pacte

CHAPITRE PREMIER

Le régime des Mandats internationaux

---

§ 1. — L'article 22 du Pacte de la Société des Nations

Le statut des territoires d'outre-mer qui appartenaient à l'Allemagne est réglé par l'article 22 du Pacte et par les articles 118 et 119 du Traité de Versailles, ainsi que par plusieurs autres dispositions de ce Traité qui se rapportent plus ou moins directement aux territoires destinés à être placés sous mandat (voir les articles 120 à 127, 243, 257, 260, 297, 312).

Aux termes des articles 118 et 119 du Traité de Paix, l'Allemagne a renoncé, en faveur des principales Puissances alliées et associées, à tous ses droits et titres sur ses colonies, et s'est engagée à accepter les mesures prises par ces Puissances, d'accord, s'il y a lieu, avec les tierces Puissances, en vue de régler les conséquences de cette renonciation.

L'article 132 du Traité de Sèvres renferme une disposition analogue, en vertu de laquelle la Turquie a renoncé, en faveur des Puissances susdites, à tous ses droits et titres sur les territoires ottomans situés hors d'Europe et qui ne firent l'objet d'aucune autre attribution. En outre, ce Traité contient, en plus du Pacte de la Société des Nations, certaines dispositions (articles 94 à 97) ayant trait aux territoires du Proche-Orient destinés à être administrés sous mandat.

La non ratification du Traité de Sèvres ébranla la base
juridique du régime projeté en ce qui concerne ces derniers
territoires. La situation fut rétablie par l'entrée en vigueur
du nouveau Traité de Paix avec la Turquie, signé à Lausanne
le 30 janvier et le 24 juillet 1923. L'article 16 de ce Traité
contient une disposition aux termes de laquelle la Turquie
renonce à tous ses droits et titres concernant les territoires
situés en dehors des frontières prévues par ledit Traité et
reconnaît que l'avenir de ces territoires doit être réglé par les
parties intéressées.

Quant aux principes de l'administration à appliquer aux
territoires détachés des anciens Empires, la seule disposition
qui en définit les grandes lignes est l'article 22 du Pacte.

Les deux premiers paragraphes de cet article énoncent
certaines idées directrices qui constituent, en quelque sorte,
le cadre du régime des mandats et qui déterminent nettement
l'objet de ce régime.

En voici la teneur :

1. « *Les principes suivants s'appliquent aux colonies et
territoires qui, à la suite de la guerre, ont cessé d'être sous la
souveraineté des Etats qui les gouvernaient précédemment et
qui sont habités par des peuples non encore capables de se diriger
eux-mêmes dans les conditions particulièrement difficiles du
monde moderne. Le bien-être et le développement de ces peuples
forment une mission sacrée de civilisation, et il convient d'incor-
porer dans le présent Pacte des garanties pour l'accomplissement de cette mission.*

2. « *La meilleure méthode de réaliser pratiquement ce principe est de confier la tutelle de ces peuples aux nations développées
qui, en raison de leurs ressources, de leur expérience ou de leur
position géographique, sont le mieux à même d'assumer cette
responsabilité et qui consentent à l'accepter : elles exerceraient
cette tutelle en qualité de Mandataires et au nom de la
Société* ».

Ces dispositions sont, en vertu de leurs termes mêmes,
applicables — premier point à retenir — à *toutes* les régions
sous mandat. Par conséquent, les Mandataires exerceraient
dans toutes ces régions, qu'elles se composent de colonies

ayant appartenu à l'Allemagne ou de territoires turcs en Asie-Mineure, la « *tutelle* » des peuples qui y sont fixés (1).

Notons en second lieu, que le début du premier paragraphe stipule que les territoires en question « *ont cessé* » d'être sous la souveraineté des Etats qui les gouvernaient précédemment. Il demeure toutefois muet sur le point de savoir à quelle autorité a été transférée cette souveraineté. Cette lacune a provoqué, on le verra plus loin, un grand nombre de doctrines divergentes.

Il s'agit, indique ce même paragraphe, de peuples « *non encore* » capables de se diriger eux-mêmes et qui, par conséquent, doivent être soumis à la direction de certaines « *nations développées* ». Cette direction ne doit donc pas être exercée indéfiniment, mais à titre provisoire, jusqu'à ce que les populations dont il s'agit soient aptes à se diriger seules.

En outre, l'article confère au Mandataire une « *mission sacrée de civilisation* » consistant à veiller « *au bien-être et au développement* » de ces peuples. Cette mission implique, pour la Puissance mandataire, l'obligation de s'abstenir de toute exploitation systématique des indigènes et d'exercer son autorité dans l'intérêt des peuples administrés.

La meilleure méthode — déclare le deuxième paragraphe — en vue de réaliser pratiquement ce principe est de confier à certaines nations « *la tutelle de ces peuples* ». Le Pacte attend donc de ces nations une activité désintéressée, dans ce sens que le territoire administré ne doit pas être considéré comme une source de gain pour la nation qui en a la charge.

Enfin, cette « *tutelle* » serait exercée par ces nations « *en qualité de Mandataires* » et « *au nom de la Société* », ce qui revient à dire que ces « *Mandataires* » auront à rendre compte de leur gestion à la Société des Nations.

Voilà ce que nous apprennent les deux premiers paragraphes de l'article 22 en ce qui concerne les principes directeurs de la nouvelle institution. Quelques-uns de ces principes ont été

---

(1) Cette conséquence paraît cependant difficilement conciliable avec le quatrième paragraphe qui, en ce qui concerne les territoires asiatiques sous mandat, assigne au Mandataire un rôle différent de celui de tuteur,

soulignés, sous forme de « *garanties* » pour l'accomplissement de la mission tutélaire, par les termes de l'article 22 lui-même. De plus, ils ont été définis avec plus de détails par les diverses chartes mandataires confirmées ultérieurement.

Le troisième paragraphe ne présente plus à l'heure actuelle qu'un intérêt historique. Il stipule :

3. « *Le caractère du mandat doit différer suivant le degré de développement du peuple, la situation géographique du territoire, ses conditions économiques et toutes autres circonstances analogues* ».

Les trois paragraphes suivants 4, 5 et 6 classent les colonies et territoires en trois catégories, généralement désignées par les lettres A, B et C (1). Ils définissent les obligations des Mandataires assumées d'une part à l'égard des autres Etats, Membres de la Société des Nations, d'autre part envers les populations des territoires administrés.

Ces paragraphes sont conçus en ces termes :

4. « *Certaines communautés, qui appartenaient autrefois à l'Empire ottoman, ont atteint un degré de développement tel que leur existence comme Nations indépendantes peut être reconnue provisoirement, à la condition que les conseils et l'aide d'un Mandataire guident leur administration jusqu'au moment où elles seront capables de se conduire seules. Les vœux de ces communautés doivent être pris d'abord en considération pour le choix du Mandataire.*

5. « *Le degré de développement où se trouvent d'autres peuples, spécialement ceux de l'Afrique centrale, exige que le Mandataire y assume l'administration du territoire à des conditions qui, avec la prohibition d'abus, tels que la traite des esclaves, le trafic des armes et celui de l'alcool, garantiront la liberté de conscience et de religion, sans autres limitations que celles que peut imposer le maintien de l'ordre public et des bonnes mœurs, et l'interdiction d'établir des fortifications ou des*

---

(1) Cette désignation a été adoptée par la Commission de spécialistes, composée de ressortissants des principales Puissances alliées et associées, qui se réunit en juillet 1919 à Londres, sous la présidence de Lord Milner. Elle rédigea les chartes des mandats relatives aux anciennes colonies allemandes.

*bases militaires ou navales et de donner aux indigènes une
instruction militaire, si ce n'est pour la police ou la défense du
territoire, et qui assureront également aux autres Membres de la
Société des conditions d'égalité pour les échanges et le commerce.*

6. « *Enfin, il y a des territoires, tels que le Sud-Ouest africain
et certaines îles du Pacifique austral qui, par suite de la faible
densité de leur population, de leur superficie restreinte, de leur
éloignement des centres de civilisation, de leur contiguïté géographique au territoire du Mandataire, ou d'autres circonstances,
ne sauraient être mieux administrés que sous les lois du Mandataire, comme une partie intégrante de son territoire, sous réserve
des garanties prévues plus haut dans l'intérêt de la population
indigène* ».

Il ressort de ces dispositions que les « *communautés* » des
territoires de la catégorie A sont reconnues « *provisoirement* »
comme nations indépendantes et qu'elles n'ont besoin que des
« *conseils* » et de « *l'aide* » d'un Mandataire en attendant
qu'elles soient capables de se conduire seules. Il en résulte
d'autre part que les « *peuples* » habitant les territoires de la
catégorie B sont soumis à la direction de Mandataires qui assument l'administration de ces territoires, à condition d'observer
certaines prescriptions concrètes et d'instituer certaines garanties, dans l'intérêt de ces peuples et des autres Membres de la
Société des Nations. Enfin, ces dispositions établissent que les
« *territoires* » appartenant à la catégorie C seront administrés
sous les lois du Mandataire, « *comme une partie intégrante de
son territoire* », sous réserve des garanties prévues au paragraphe précédent, « *dans l'intérêt de la population indigène* ».

Comme les chartes des mandats B et C le font connaître, les
pouvoirs du Mandataire dans ces deux catégories de territoires
sont identiques, bien que le Pacte ne prévoie l'administration
« *sous les lois du Mandataire, comme une partie intégrante de
son territoire* », que pour les territoires C. Les obligations du
Mandataire sont également les mêmes, qu'il s'agisse d'un
territoire B ou d'un territoire C, à l'exception du point suivant :
l'obligation d'assurer l'égalité économique et commerciale
n'est pas applicable de plein droit aux territoires de la troisième
catégorie.

L'article 22 se termine par quelques dispositions qui n'ont pas trait au régime de l'administration mandataire proprement dite. Elles tendent à établir la responsabilité du Mandataire vis-à-vis de la Société des Nations.

Ces dispositions, contenues dans les paragraphes 7, 8 et 9, sont les suivantes :

7. « *Dans tous les cas, le Mandataire doit envoyer au Conseil un rapport annuel concernant les territoires dont il a la charge.*

8. « *Si le degré d'autorité, de contrôle ou d'administration à exercer par le Mandataire n'a pas fait l'objet d'une convention antérieure entre les Membres de la Société, il sera expressément statué sur ces points par le Conseil.*

9. « *Une commission permanente sera chargée de recevoir et d'examiner les rapports annuels des Mandataires et de donner au Conseil son avis sur toutes questions relatives à l'exécution des mandats* ».

Ce sont, notamment, ces trois derniers paragraphes et les conséquences qui en découlent qui font l'objet des exposés détaillés figurant sous la deuxième partie de cet essai.

Les six premiers paragraphes et les principes qui sont à leur base seront traités en détail dans un essai ultérieur consacré à l'application du régime mandataire proprement dit.

§ 2. — Complexité du régime des mandats

Le cadre de cette étude ne permet pas de reproduire, pour autant qu'il est connu officiellement, l'historique du régime des mandats internationaux. Cet historique a, d'ailleurs, été exposé à plusieurs reprises par différents auteurs à l'aide des documents, bien incomplets, dont ils pouvaient disposer.

Nous nous bornerons donc à retenir que la Conférence de Paris se trouvait en présence de deux partis opposés. L'un voulait annexer les colonies allemandes, l'autre s'y refusait. La Conférence arriva néanmoins à un accord après six jours de débats animés, qui furent consacrés à concilier ces deux points de vues. Aux termes de cet accord, les partisans de l'annexion abandonnèrent leur point de vue pour se rallier à celui des partisans de la non annexion.

« L'accord qui se fit le 30 janvier 1919 — observe justement Millot (1) — marque donc deux points : premièrement, les colonies allemandes seront soustraites à la souveraineté de l'Allemagne ; deuxièmement, elles ne seront pas annexées, partant, elles ne seront pas placées sous une autre souveraineté ».

Cependant, cet accord fixant un principe purement négatif ne pouvait donner la solution du problème qu'il s'agissait de résoudre. Celle-ci n'intervint, en effet, que quelques jours plus tard, le 13 février, lorsque fut voté, à l'unanimité, le premier Pacte de la Société des Nations, dont l'article 19 contenait les directives du régime à appliquer. Cet article, après avoir subi quelques légères modifications de forme, devint l'article 22 du Pacte définitif, voté par la Conférence le 28 avril 1919.

Quelle fut, en substance, cette solution et que présente-t-elle, au point de vue du droit international, de nouveau et de particulièrement remarquable ?

Ces questions exigent tout d'abord qu'on s'y arrête un instant.

L'essence du système adopté consiste à charger certaines Puissances de la gestion de territoires qui leur sont étrangers. En d'autres termes, ce système institue, par rapport aux anciennes colonies allemandes et aux territoires enlevés à la Turquie dans le Proche-Orient, une forme d'administration par délégation.

Le principe de cette méthode n'est nullement inconnu dans l'histoire coloniale ancienne et même plus récente de différents pays. Ce n'est donc pas dans cette méthode que l'on peut trouver le caractère original du nouveau régime ; ce n'est pas non plus dans la politique essentiellement morale que le régime impose à l'égard des indigènes ni dans la mission civilisatrice et humanitaire qu'il assigne aux Mandataires, afin d'enlever à la colonisation « ce vieux relent d'égoïsme et d'arbitraire qui sent toujours un peu la traite et le né-

____

(1) Albert Millot, *Les mandats internationaux*, Paris, 1924, p. 115.

grier » (1). En effet, comme le remarque Rolin, « les principes de politique indigène rappelés par le Pacte de Versailles sont en honneur partout ; les Etats colonisateurs les appliquent depuis longtemps, parce que l'esprit de notre temps le commande » (2).

Ce n'est ni la forme d'administration établie par le Pacte, ni le caractère de cette administration, ni encore l'obligation qu'elle comporte d'appliquer certaines règles profitant aux Etats, membres de la Société des Nations, qui décèlent en premier lieu l'originalité de l'institution. Ce qui en constitue, plus que tout autre élément, la nouveauté, l'importance et la valeur, c'est la reconnaissance en droit de *peuples* mineurs habitant des territoires qui jouissent d'une personnalité juridique distincte des autres ; c'est l'obligation qu'implique la mission de l'autorité mandataire de guider ces peuples vers leur majorité, de faire évoluer le territoire administré vers l'autonomie d'abord, vers l'indépendance complète ensuite ; c'est la création, en dernière analyse, d'un système de responsabilité *nationale* sous le contrôle d'une collectivité *internationale*.

« Jusqu'alors — explique Furukaki (3) — certains Etats forts, de civilisation supérieure, se reconnaissaient une mission civilisatrice sur les peuples arriérés. La France, par exemple, admettait et pratiquait la théorie de la colonisation-tutelle. Mais c'était un devoir purement moral, volontairement accepté par l'Etat colonisateur, comme un moyen politique de justifier, au nom de la civilisation, la conquête de l'administration de territoires coloniaux, difficile à justifier au point de vue démocratique. Ce devoir était envisagé comme la conséquence de la suzeraineté sur la colonie. Il laissait subsister la souveraineté intégrale de la métropole qui n'avait à rendre compte à personne de son action.

« Toute autre apparaît la situation de la puissance manda-

----

(1) Gratien CANDACE, *La question des mandats coloniaux*, Colonies et Marine, juin 1921, p. 334.

(2) Henri ROLIN, *Le système des mandats coloniaux*, Revue de Droit international et de législation comparée, 1920, p. 357.

(3) P. F. FURUKAKI, *Nature juridique des mandats internationaux de la Société des Nations*, Bibliothèque universelle et Revue de Genève, 1926, p. 385.

taire. Les territoires qu'elle administre ne sont pas placés sous sa souveraineté. C'est au nom et comme mandataire de la Société des Nations qu'elle en assume la gestion. On ne peut plus dire que ces territoires lui appartiennent, comme des colonies. Ils lui sont confiés, en vue d'une gestion conforme aux intérêts des habitants.

«... La tutelle, dans cette conception admise par le Pacte, n'est plus un simple devoir moral, purement volontaire. La Puissance qui l'exerce est la mandataire de la Société des Nations. En acceptant le mandat, elle contracte une obligation comme un tuteur, en acceptant la tutelle, accepte des obligations et des responsabilités. En occupant ou en organisant des colonies, les puissances acquéraient des droits sur le territoire et la population. Elles en étaient souveraines, sauf à pratiquer le devoir moral de protection. Aujourd'hui, ce ne sont plus des droits qu'elles acquièrent avec le mandat, ce sont des obligations qu'elles assument. Et ces obligations sont juridiquement sanctionnées. Le mandataire, comme le tuteur, doit rendre compte. Une commission permanente examine les rapports annuels et le Conseil de la Société des Nations prend les mesures nécessaires ».

On ne saurait préciser plus clairement la différence profonde entre la colonisation-tutelle fondée sur la souveraineté et dont il n'appartient qu'à la nation colonisatrice elle-même d'apprécier l'action et les effets, et la tutelle sous le régime des mandats, régie par un ensemble de prescriptions et d'interdictions et soumise au contrôle permanent et effectif d'une organisation internationale.

Il va de soi que l'examen de la structure juridique de cette innovation devait provoquer des controverses de toute nature, dont la naissance fut d'ailleurs favorisée par trois facteurs différents.

Le premier provient de l'absence de commentaires officiels exposant en détail les intentions des auteurs du Pacte, de sorte que les commentateurs n'ont eu à leur disposition qu'une documentation fragmentaire, fournie à différentes époques par certains membres ou experts des délégations à la Conférence : source précieuse, certes, mais tout de même insuffisante pour fixer avec certitude le sens et la portée des résolutions dont l'ensemble constitue le régime prévu par l'article 22 du Pacte.

Ce fait est d'autant plus regrettable que cet article est le seul que les auteurs du Pacte aient consacré aux mandats et qu'il constitue l'unique fondement du régime mandataire. Or, il est précisément le seul qui, rédigé hâtivement par des auteurs s'inspirant de considérations essentiellement politiques, ait échappé à l'examen attentif d'un organe compétent de rédaction. Il en est résulté des imprécisions et des obscurités qui, jusqu'à présent, n'ont pas pu être éclaircies de façon à recueillir tous les suffrages.

Sur ce point, Rolin, déjà mentionné ci-dessus, porte un jugement particulièrement sévère.

« Certes — dit-il (1) — personne ne prétendra que ce texte (de l'article 22) soit un modèle de rédaction juridique. L'imprécision de certaines formules, les circonlocutions embarrassées, l'absence d'un je ne sais quoi de simple et de direct où se reconnaît dans l'expression une pensée bien venue, causent dès la première lecture un malaise certain... Il est visible que ces paragraphes alambiqués, contournés, n'ont pas été écrits en français. Ce n'est pas ainsi que se fait connaître la volonté nette d'un homme d'action, habitué à manier des notions concrètes et positives. La trame fait songer au canevas d'une dissertation plutôt qu'à des stipulations conventionnelles. Il semble qu'à cette première esquisse, écrite par un auteur imbu d'idées humanitaires, des corrections aient été apportées par des esprits d'une tout autre trempe. Mais l'auteur s'est obstiné : il a exigé le maintien tout au moins de ses « principes »; il a indiqué, comme du haut d'une chaire, « la meilleure manière de les réaliser » ; il a classé doctoralement en trois catégories les territoires d'après leur situation géographique, leurs conditions économiques et « toutes autres circonstances ana-

---

(1) Rolin, article cité, p. 332.

logues ». Pour justifier même ce qui manquait évidemment de logique, des raisons ont été ajoutées, bonnes ou mauvaises. Officiellement, on ne sait rien des origines de l'article 22 ».

« L'article 22 — conclut un autre auteur dont l'étude soigneusement élaborée mérite d'être retenue — est ainsi le seul article du Pacte qui n'a pas passé devant les Commissions et qui fut inséré d'office, par le Conseil des Dix, dans le Pacte de la Société des Nations.

« Cette procédure a dû être adoptée pour la raison principale que le Conseil des Dix — autorité suprême des Puissances alliées et associées — était le seul compétent pour régler une question qui avait été résolue par des traités secrets, signés durant la guerre et qu'il s'agissait de reviser. Ce fait donne à l'article 22 un caractère spécial quant à sa forme, et dans une certaine mesure, quant au fond même. Il n'est pas l'œuvre d'experts et contient moins de principes que de directives générales. Son vague intentionnel s'explique par le désir de ses rédacteurs de voiler les divergences de vues des diverses Puissances et de laisser à l'avenir et à l'expérience le soin de décider de certains principes fondamentaux » (1).

Dans le même sens, Millot observe : « Une simple lecture de cet article révèle clairement que cet article n'avait pas, dans la pensée de ses auteurs, la destination qu'il a reçue. Il prévoyait la création d'une institution ; il traçait le cadre que devait recevoir cette institution ; il ne visait pas à la créer lui-même » (2).

Pour ne citer encore qu'un des autres auteurs qui se sont étendus sur l'insuffisance de l'article 22, Furukaki déclare que, bien qu'extrêmement long, cet article s'exprime en un langage qui n'est pas seulement imprécis, mais qui encore laisse « sans réponse une foule de questions » (3).

Il ne semble pas qu'on puisse reprocher à ce dernier auteur d'avoir exagéré. Il serait en effet inutile de nier que l'article 22 du Pacte, tout en prêtant à la confusion par sa rédaction

---

(1) J. STOYANOVSKY, *La théorie générale des mandats internationaux,* Paris, 1925, p. 19.

(2) *Op. cit.,* p. 33.

(3) Article cité, p. 382.

peu soignée, ne soit muet sur plusieurs questions de première importance et relatives à la nature juridique du système des mandats.

L'annexion des territoires sous mandat ayant été rejetée par la Conférence de Paris, cette question ne pouvait manquer de se poser : quelle est l'entité qui détient le droit de souveraineté sur ces territoires ? Cette question n'a reçu aucune réponse positive, ni dans le Pacte, ni dans les autres dispositions des Traités de Paix, ce qui a amené un grand nombre d'éminents jurisconsultes à soutenir des doctrines inconciliables.

A quelle autorité appartient-il de désigner les mandataires et de leur conférer le titre juridique nécessaire pour l'exécution de leur mission ?

Comment déterminer les relations juridiques entre le mandataire et la Société des Nations ? Le mandataire exerçant sa tutelle au nom de la Société, s'ensuit-il que cette dernière ou que ses membres pris individuellement soient responsables de la gestion mandataire ?

Le mandat est-il révocable et, dans l'affirmative, dans quel cas pourrait-il ou devrait-il être retiré et quelle est l'autorité compétente pour prendre une décision à cet égard ?

L'article 22 ne considérant manifestement le mandat que comme une institution provisoire, comment et par qui devra être fixée l'expiration normale du mandat ?

Cette énumération des questions de principe restées sans réponse est loin d'être complète ; il paraît cependant bien évident que des dispositions présentant tant de lacunes et faisant, néanmoins, figure de constitution écrite doivent opposer de grands obstacles à toute tentative tendant à discerner la structure théorique du régime des mandats.

De plus, en dehors de l'absence de commentaires authentiques et de la rédaction imparfaite de l'article 22, une troisième source de confusion vient encore augmenter ces difficultés. Elle provient du fait que le « *mandat* » a été institué comme base de la méthode d'administration territoriale adoptée en 1919.

Etait-il indispensable de recourir à ce concept de « mandat »? On a pu fort justement écrire à ce sujet : « A vrai dire, on peut

se demander si, en droit, l'emploi du terme *mandat* était nécessaire pour exprimer ces notions (de l'article 22) et s'il n'aurait
pas suffi, pour atteindre le même résultat, de spécifier les
engagements que prennent les Etats auxquels échoient les
colonies allemandes, et de charger le Conseil de la Société
des Nations de veiller à l'observation de ces engagements,
sans parler de mandat » (1).

En somme, qu'a-t-on voulu ?

Ne pouvant songer à faire administrer les territoires dont
il s'agit par la Société des Nations elle-même et ne voulant
pas les faire passer sous la souveraineté d'un Etat quelconque
ou d'une collectivité d'Etats, on a confié la gestion de ces
territoires à des nations développées qui consentiraient à
l'accepter et à rendre compte de leur gestion à la Société.
Ce régime nécessitait des dispositions soigneusement rédigées
auxquelles les nations désignées auraient emprunté directement leur titre juridique et qui auraient déterminé le genre
et l'étendue de leur administration ainsi que les restrictions
qui y étaient apportées. Il n'exigeait nullement la création
de relations de droit délicates et complexes comme celles
résultant de l'institution de « mandataires » investis d'un
« mandat » et poursuivant leur mission « au nom de la Société
des Nations ».

Dans les articles 118 à 127 du Traité de Versailles, qui contiennent les dispositions ayant trait aux anciennes colonies
allemandes, il n'est nulle part question de « mandataire » ;
on y parle simplement du « gouvernement exerçant l'autorité »
sur le territoire (articles 120, 122 et 127). S'inspirant de cet
exemple, il eût été préférable de remplacer dans l'article 22,
ainsi que dans certains autres articles du Traité (voir les
articles 257, 260, 312), le terme « mandataire » par celui de
« gouvernement », le terme « mandat » par celui de « mission »
et le membre de phrase à la fin du deuxième paragraphe de
l'article 22 : « elles exerceraient cette tutelle en qualité de
mandataires et au nom de la Société » par l'obligation formelle :
« elles rendraient compte de cette tutelle à la Société ». Ce

____

(1) ROLIN, article cité, p. 347.

faisant, on aurait atteint exactement le même résultat et ·
supprimé diverses causes de confusion, surtout si, de plus,
on eût pris le soin de déclarer que la renonciation prévue à
l'article 119 du Traité ne comporterait aucun transfert du
droit de souveraineté à une entité nouvelle.

En réalité, le régime que l'on désirait instituer ne demandait
que des « gouvernants », agissant en leur *propre* nom et déri-
vant leurs pouvoirs d'administration et leurs obligations envers
les différentes parties intéressées des dispositions du Pacte
elles-mêmes. Ce régime n'exigeait pas des « mandataires »
gouvernant au nom d'un *tiers* et détenant leurs droits et
devoirs d'un « mandant ».

Telle est, semble-t-il, la cause initiale de la confusion qui
s'est produite et qui devait inévitablement se produire. En
effet, en instituant, sans nécessité absolue, des « mandataires »,
l'on pouvait s'attendre à des comparaisons déroutantes avec
l'institution du « mandat » en droit civil. On chercha donc à
déterminer qui, en l'espèce, était le « mandant » et quels étaient
les droits de ce dernier et on aboutit forcément à des conclusions très différentes.

D'aucuns, tenant compte du fait que toute l'activité du
mandataire se poursuit « au nom de la Société des Nations »,
en ont déduit que c'est à cette dernière qu'il faut attribuer
la qualité de « mandant » et que c'est elle qui détient juridiquement le droit de souveraineté sur les territoires administrés
par ses mandataires.

Cette doctrine, abandonnée par la plupart des auteurs,
n'est plus, à l'heure actuelle, soutenue que par un petit nombre
de juristes (1), auxquels est venu se joindre récemment le
professeur Robert Redslob qui, dans une étude fortement
documentée, formule sa thèse dans les termes suivants (2) :

« Du moment que la Société des Nations, par son droit de

---

(1) W. SCHUCKING et H. WEHBERG, *Die Satzung des Völkerbundes*,
Berlin, 1921 ; George CIORICEANU, *Les mandats internationaux*, Paris,
1921, p. 34, 40 ; M. BILESKI, *Das Mandat des Völkerbundes*, Zeitschrift
für Völkerrecht, vol. 12, 1923, p. 66.
(2) Robert REDSLOB, *Le système des mandats internationaux*, Bulletin
de l'Institut intermédiaire international à La Haye, 1926, p. 303.

reprise et de réinvestiture, a le moyen de disposer du mandat, en d'autres termes, du moment qu'il lui appartient de dispenser l'autorité dans le territoire et d'y établir le maître de son choix, bref, du moment qu'elle y est la source de tous les pouvoirs, il faut conclure qu'elle y détient la domination suprême, la souveraineté ».

M. Redslob ne néglige pas, bien entendu, de distinguer entre « la substance de la souveraineté, qui appartient à la Société des Nations » et « l'exercice de la souveraineté, qui revient à l'Etat mandataire ». Il précise sa conception en ces termes (1) : « Les principales Puissances abandonnent leur pouvoir souverain sur les territoires de mandat. Mais cet abandon est double ; il s'effectue dans deux directions, il se combine avec un partage. En effet, les Grands Alliés ne transfèrent à la Société des Nations qu'une souveraineté médiate et cèdent le pouvoir direct au mandataire qu'elles ont choisi ».

Comme il a été dit, la plupart des auteurs contestent cette manière de voir et opposent, en substance, que la Société des Nations n'est qu'une association d'Etats qui, tout en conservant leur propre souveraineté, ont convenu de suivre une certaine ligne de conduite dans certaines questions d'intérêt général. Ils soutiennent que la Société n'est pas un Etat, qu'elle ne possède pas de territoire, qu'elle n'exerce pas la puissance publique sur une population donnée et qu'elle n'a pas d'organes susceptibles d'exercer les attributs de la souveraineté. Ils concluent, par conséquent, qu'elle ne saurait être considérée comme possédant la souveraineté sur un territoire quelconque.

Une autre théorie s'appuie non sur l'article 22 du Pacte, mais sur les dispositions des Traités de Paix aux termes desquelles les anciens Empires allemand et ottoman renoncèrent à leurs droits sur les territoires qui en furent détachés « en faveur des principales Puissances alliées et associées ».

Plusieurs auteurs ont soutenu que la *renonciation* à ces droits et titres implique juridiquement le *transfert* de ces derniers et, partant, de la souveraineté, aux principales Puissances.

____

(1) *Ibid.*, p. 317.

Van Rees.   2

Celles-ci auraient, par conséquent, acquis le droit de souveraineté dont, d'après certains, elles ne se seraient jamais dessaisies, tandis que d'autres déclarent que ce droit a été transféré ultérieurement par ces Puissances aux mandataires désignés par elles, ou encore à la Société des Nations (1).

Or, l'acquisition de la souveraineté par suite de la renonciation en faveur des principales Puissances alliées et associées constitue précisément une prémisse que les adversaires de cette théorie n'admettent pas. Ils exposent, en effet, que cette même formule de renonciation a été employée par le Traité de Versailles pour tous les territoires européens détachés de l'Allemagne et dont le sort définitif fut soumis à une décision ultérieure. Il en est ainsi pour les territoires de Memel (article 99), de Dantzig (article 100) et de Slesvig (article 110). Dans tous ces cas, la renonciation de l'Allemagne à tous ses droits et titres sur ces territoires a été faite en faveur des principales Puissances alliées et associées. Faut-il en conclure, à l'encontre de l'intention manifeste des auteurs du Traité, que ce groupe de Puissances détient le droit de souveraineté sur ces territoires ? En l'admettant, on risquerait en outre de méconnaître le rôle qui est imparti par le Traité à ce groupe de Puissances ; ces dernières jouent pour ainsi dire le rôle de liquidateurs des conséquences de la guerre et, en particulier, pour autant qu'il s'agit de dispositions portant sur des questions territoriales, le rôle d'administrateurs provisoires, chargés d'accomplir certains actes au cours d'une certaine période transitoire.

C'est en jouant ce rôle — affirment certains d'entre ceux qui s'opposent à la thèse précitée — que le Conseil suprême, représentant les principales Puissances alliées et associées, a procédé à la désignation des mandataires, premier acte de l'entrée en vigueur du régime des mandats. Mais c'est à cet acte que s'est bornée l'intervention du Conseil suprême. C'est

---

(1) Vallini, *I mandati internazionali della Società della Nazioni*, Milan, 1923, p. 88 ; H. Rolin, article cité, p. 347 et 349 ; E. Rouard de Card, *Les mandats français sur le Togoland et le Cameroun*, Paris, 1924, p. 10, 14, 40 à 42 ; P. Fauchille, *Traité de droit international public*, tome Iᵉʳ, 2ᵉ partie, Paris, 1925, p. 848 et 849.

à la Société des Nations qu'a incombé ensuite le droit de veiller à l'exécution de ce régime, en vertu de l'article 22 du Pacte.

D'ailleurs, ajoutent-ils, si la renonciation de l'Allemagne devait être assimilée au transfert des droits souverains de l'Empire aux principales Puissances, l'article 257 du Traité aurait été singulièrement injuste. Cet article stipule en effet dans son premier paragraphe qu'il ne serait dû à l'Allemagne aucune compensation du fait de la perte de ses colonies, clause qui ne s'explique que si l'on admet qu'aucune Puissance ne s'est enrichie d'une ou plusieurs de ces colonies, et qu'aucune ne serait par conséquent tenue d'en rembourser la valeur.

Un troisième groupe d'auteurs adopte la thèse de la souveraineté des mandataires sur les territoires qu'ils administrent au nom de la Société des Nations.

Ces auteurs fondent leur avis sur l'étendue de la mission qui incombe aux mandataires en vertu de l'article 22 du Pacte. Cette mission exige, tout au moins dans les anciennes colonies allemandes, de pleins pouvoirs en matière législative, administrative et judiciaire, pouvoirs qui, dans leur ensemble, constituent effectivement la souveraineté. Ils en déduisent que ce sont les mandataires qui doivent être considérés comme les souverains des territoires en question, quelles que soient les modalités de leurs mandats (1).

Cette théorie, qui fait abstraction de différents éléments qui la contredisent, a été contestée par la grande majorité des auteurs. En effet, elle ne paraît pas admettre la possibilité de l'exercice des droits souverains sans la possession du droit de souveraineté sur le territoire lui-même ; elle conduirait en outre à cette conséquence paradoxale qu'une Puissance, étant souveraine de certains territoires, exercerait néanmoins sa souveraineté par délégation et au nom d'un tiers.

Une autre théorie a été soutenue selon laquelle la souve-

______

(1) H. Rolin, article cité, p. 340, 347 à 350 ; T. Baty, *Protectorates and Mandates*, British Year Book of International Law, 1921-1922, p. 117 à 119 ; E. Rouard de Card, *op. cit.*, p. 10, 14, 40 à 42 ; Giulio Diena, *Les mandats internationaux*, Académie de droit international à La Haye, Recueil des cours, 1924, IV, p. 246.

raineté serait partagée, dans ce sens qu'il faudrait l'attribuer aux mandataires agissant de concert avec le Conseil de la Société des Nations (1).

Enfin, un dernier groupe d'auteurs — divisé en deux fractions — le seul groupe qui a tenu compte du principe de non annexion adopté par la Conférence de la Paix, soutient que les auteurs du Pacte ont voulu tenir en suspens ou bien la souveraineté elle-même sur les territoires sous mandat pour une période équivalente à la durée des mandats respectifs (2), ou bien *l'exercice* des pouvoirs souverains dont furent provisoirement chargées certaines nations en qualité de tuteurs. D'après ce dernier point de vue la souveraineté elle-même serait détenue, depuis la renonciation des anciens Empires, par les communautés et les populations autochtones des différents territoires. En d'autres termes, les anciens Empires ayant renoncé à leurs droits et titres sur les territoires en question sans qu'il y ait eu transfert de ces droits et titres à d'autres Puissances, la souveraineté, qui appartint à ces divers peuples et communautés jusqu'au moment de leur soumission à l'Allemagne et à la Turquie, renaît automatiquement du fait de la renonciation susdite (3).

*
* *

La diversité des opinions émises démontre à merveille que l'introduction dans le droit international d'un concept rappelant celui du mandat de droit commun ne s'est pas révélée, du point de vue théorique, comme particulièrement heureuse.

Le seul document officiel qui, depuis l'entrée en vigueur

---

(1) Quincy WRIGHT, *Sovereignty of the mandates*, American Journal of international law, 1923, p. 698.

(2) Lee D. CAMPBELL, *The mandate for Mesopotamia and the principle of Trusteeship in English law*, p. 19 ; A. MENDELSSOHN BARTHOLDI, *Les mandats africains* (traduction), Archiv für Politik und Geschichte, Hamburg, août 1925.

(3) Paul PIC, *Le régime du mandat d'après le Traité de Versailles*, Revue générale de droit international public, Paris, 1923, p. 14 (de l'extrait) ; Albert MILLOT, *op. cit.*, p. 114 à 118 ; J. STOYANOVSKY, *op. cit.*, p. 83, à 86.

du régime des mandats, ait touché à la question de la souveraineté, est le rapport du délégué belge, M. Hymans, portant sur les obligations qui incombent à la Société des Nations en vertu de ce régime. Et encore ce rapport, présenté au Conseil au cours de sa huitième session, tenue à Saint-Sébastien, n'en dit que ceci (1) :

« Je n'entrerai pas dans une controverse certainement fort intéressante sur la question de savoir où réside la souveraineté. Nous nous trouvons en présence d'une institution nouvelle. La science décidera dans quelle mesure on peut lui appliquer les anciennes notions juridiques ».

Or, jusqu'à ce jour, les efforts de la science sur ce point ont été impuissants à arriver à une solution satisfaisante de cet important problème.

Il en est de même pour d'autres questions fondamentales au point de vue doctrinal sur lesquelles les différents auteurs n'ont pas non plus réussi à se mettre d'accord. Force nous est donc de reconnaître que la structure juridique de l'édifice des mandats n'a, jusqu'à ce jour, pas pu être établie d'une façon définitive et solide et ce, malgré les remarquables études consacrées au nouveau régime par un grand nombre d'auteurs compétents.

§ 3. — Résumé des principes généraux du régime

Les divergences signalées en ce qui concerne la théorie générale du régime des mandats n'ont, cependant, pas empêché la mise en vigueur et le fonctionnement régulier de celui-ci. En effet, du point de vue pratique, plusieurs des questions de principe mentionnées plus haut ne présentent, tout au moins pour le moment, qu'un intérêt secondaire ; d'autres, tranchées une fois pour toutes, n'ont plus qu'une importance d'ordre historique.

Quant à la question fondamentale de la souveraineté, la

---

(1) Voir *Document de l'Assemblée* n° 161 (6 décembre 1920), p. 17.

plus discutée, il est évident qu'en ce qui concerne l'application du système des mandats, il importe moins d'établir à qui appartient actuellement le droit de souveraineté sur les diffé-rents territoires que de savoir si ce sont les Puissances manda-taires qui détiennent ce droit. Sur ce point, ni la Société des Nations, ni un de ses organes, ni aucun des mandataires, n'ont jamais songé à s'écarter délibérément du principe de non annexion confirmé par la Conférence de Paris. Nul d'entr'eux n'a eu par conséquent l'idée de prétendre que les territoires sous mandat ont été incorporés politiquement au patrimoine des Etats chargés du mandat.

Le principe, admis d'un commun accord, que le mandataire gère un territoire qui n'est pas le sien, régit donc dans la pra-tique l'exécution du régime.

Ce principe implique que les territoires dont il s'agit ont une individualité marquée ; qu'ils sont des entités distinctes des Puissances appelées à les administrer. Il en résulte que les Puissances mandataires, simplement chargées de la gestion des territoires, sont tenues de respecter rigoureusement l'in-tégrité de ceux-ci ; que les terres vacantes et sans maître qui s'y trouvent font partie du domaine propre de ces territoires, et que leurs revenus appartiennent à leur propre trésor public. Il en résulte, de plus, que les ressortissants de ces territoires ont un statut national distinct de celui des ressortissants de la Puissance mandataire ; qu'ils ne sont ni les citoyens, ni les sujets de cette dernière, et qu'ils ne sauraient, par aucune mesure d'une portée générale, être assimilés à ses nationaux. Et, finalement, il en résulte que les conventions internationales conclues par les Puissances mandataires et applicables à leurs colonies ou protectorats ne s'appliquent pas de plein droit, sauf stipulation expresse, aux territoires sur lesquels elles exercent un mandat.

Ces conséquences, qui découlent du principe fondamental exposé plus haut, ont tous fait l'objet d'études nombreuses et approfondies au sein de la Société des Nations, et les Puis-sances mandataires, sans exception, les ont acceptées sans réserve. Leur ensemble constitue donc, dans l'esprit des « agents » du régime, le pilier central de l'institution des mandats, qui, en outre, est caractérisée par trois catégories d'obligations générales assumées par le mandataire à l'égard :

   a) De la Société des Nations ;

   b) Des autres Etats, membres de la Société ;

   c) Des habitants du territoire.

La première catégorie ne comporte que l'obligation de soumettre sa gestion au contrôle de la Société des Nations.

En acceptant le mandat, le mandataire s'est engagé en second lieu à suivre une certaine politique déterminée par l'article 22 du Pacte et par les textes des divers mandats particuliers qui en constituent le corollaire. Elle comporte l'observation des quatre obligations suivantes :

Le mandataire garantira la liberté de conscience, assurera le libre exercice de tous les cultes et donnera à tous les missionnaires ressortissants d'un Etat, membre de la Société des Nations, la faculté de pénétrer, de circuler et de résider dans le territoire, pour y exercer leur ministère.

Il devra assurer, sauf dans les anciennes colonies allemandes du Pacifique austral, aux ressortissants de tous les Etats, membres de la Société, la liberté du transit et de la navigation et l'égalité économique, commerciale et industrielle.

Le mandataire devra s'abstenir, sauf dans les territoires détachés de la Turquie dans le Proche-Orient et, sous certaines réserves, dans le Togo et le Cameroun sous mandat français, d'établir des bases militaires ou navales, de construire des fortifications et d'organiser des forces militaires indigènes, sauf pour assurer la police locale ou la défense du territoire.

A ces trois obligations vient s'ajouter une quatrième découlant directement des textes des mandats qui tous contiennent la disposition suivante : tout différend, quel qu'il soit, qui viendrait à s'élever entre le mandataire et un autre membre de la Société des Nations relativement à l'interprétation ou à l'application des clauses du mandat, et qui ne serait pas susceptible d'être réglé par des négociations, devra être soumis à la Cour permanente de Justice internationale, prévue à l'article 14 du Pacte.

Les principes, qui sont à la base de la troisième catégorie

d'obligations du mandataire et auxquels il a déjà été fait allusion à la page 5 ci dessus, sont au nombre de trois :

Le premier de ces principes est celui de la gratuité du mandat : le mandataire ne tirera de l'exécution de son mandat aucun profit direct, matériel et exclusif.

D'après le second principe, le mandat ne possède, dans le sens indiqué plus haut, qu'un caractère provisoire ; d'où, pour le mandataire, l'obligation de conduire progressivement les peuples considérés comme mineurs vers ce but ultime : le libre gouvernement.

Enfin, d'après le troisième principe, la politique suivie par la Puissance mandataire devra avoir un caractère essentiellement moral, dont le Pacte ne fait qu'esquisser les traits principaux mais qui se trouve précisé dans les chartes des mandats par toute une série de prescriptions et d'interdictions.

CHAPITRE II

La mise en vigueur du régime

<hr>

§ 4. — Répartition territoriale des mandats

Afin d'exécuter les engagements contenus dans l'article 22 du Pacte et d'assurer le fonctionnement régulier du régime des mandats, il fallait (1) :

a) Choisir les Puissances les plus aptes à assumer la responsabilité du mandat pour les différents territoires.

b) Délimiter les frontières des territoires sous mandat.

c) Déterminer le degré d'autorité, de contrôle ou d'administration à exercer par les mandataires et définir, dans des chartes distinctes, applicables à chacun des territoires, les obligations auxquelles les Puissances mandataires devaient se conformer.

d) Instituer l'organisme prévu par l'article 22 pour assurer l'observation des termes des mandats.

La première mesure, soit la désignation des mandataires, fut prise par le Conseil suprême, représentant les principales Puissances alliées et associées, le 7 mai 1919, donc antérieurement à la ratification du Traité de Versailles (10 janvier 1920), et même antérieurement à la signature de ce Traité (28 juin 1919), mais postérieurement au vote de l'article 22 du Pacte dans sa forme définitive (25 avril 1919) (2).

La répartition des colonies allemandes, objet de la décision du Conseil suprême du 7 mai 1919, ne s'appliqua pas à la totalité de ces colonies. L'article 125 du Traité de Versailles ayant ramené le Cameroun à sa frontière d'avant 1911, ce

<hr>

(1) Voir le rapport de M. HYMANS, cité plus haut, p. 21.

(2) La question, traitée par certains auteurs dans un sens différent, de savoir de quel droit le Conseil suprême procéda à la répartition des anciennes colonies allemandes à un moment antérieur à la ratification du Traité de Versailles, n'a plus aucune importance pratique ; c'est pourquoi elle est passée sous silence.

territoire ne fut qu'en partie attribué à la France et la Grande-Bretagne à titre de mandataires.

En outre une partie de l'Est africain allemand, comprenant le territoire de Kionga, sis à l'embouchure de la rivière Rovouna, a été soustraite à l'application du nouveau régime. Ce territoire, qui avait été enlevé, en 1894, par l'Allemagne au Portugal, fut rendu à celui-ci, en toute souveraineté, le 25 septembre 1919, et rattaché à sa colonie du Mozambique.

Aux termes des résolutions prises par le Conseil suprême, le Togo et le restant du Cameroun furent attribués à la France et la Grande-Bretagne qui s'engagèrent à faire, de concert, une recommandation à la Société des Nations sur le statut à donner à ces territoires. Toutes les autres colonies allemandes, sauf les îles au nord de l'Equateur qui furent attribuées au Japon, échurent à l'Empire britannique.

Par suite de l'accord conclu, le 10 juillet 1919, entre la France et la Grande-Bretagne au sujet du partage du Togo et du Cameroun, la plus grande partie de ces territoires revint à la France.

Quant à l'Est africain allemand, des négociations ultérieures entre la Grande-Bretagne et la Belgique aboutirent, le 30 mai 1919, à un accord. Aux termes de ce dernier, une partie du nord-ouest de ce territoire, comprenant les provinces de Ruanda et d'Urundi, fut détachée et placée, le 21 août 1919, sous mandat belge.

La répartition finale, qui depuis n'a subi aucune modification (1), fut pour les territoires des catégories B et C, la suivante :

Territoires sous mandat B :

Mandataires

1. Togo britannique. . . . . Grande-Bretagne.
2. Togo français . . . . France.
3. Cameroun britannique. . . . . Grande-Bretagne.

---

(1) A l'exception de l'arrangement conclu en 1923 entre les Gouvernements britannique et belge et en vertu duquel la région de Kissaka à l'est du sultanat de Ruanda fut détachée du Tanganyika et incorporée dans le territoire sous mandat belge.

4. Cameroun français. . . . . . . France.
5. Ruanda-Urundi . . . . Belgique.
6. Tanganyika (1) . . . . Grande-Bretagne.

Territoires sous mandats C :

Mandataires

1. Sud-Ouest africain (2). . . . . Union sud-africaine.
2. Samoa occidental. . . . . . . Nouvelle-Zélande.
3. Nauru. . . . . Empire britannique.
4. Nouvelle-Guinée (3) . . . . . Australie.
5. Iles allemandes au nord de
    l'Equateur. . . . . Japon.

Les mandataires pour les territoires détachés de la Turquie et composant la catégorie A furent désignés par le Conseil suprême, réuni à San-Remo, le 26 avril 1920.

La Syrie et le Liban, échurent à la France, la Palestine, la Transjordanie et la Mésopotamie, aujourd'hui l'Irak, à Sa Majesté britannique.

En tenant compte de la superficie, exprimée en milles carrés anglais, et de la population indigène, les quatorze territoires furent répartis comme suit (4) :

Mandats A :

	Superficie	Population
1. Syrie et Liban.	57.916	2.100.000
2. Palestine.	9.010 (5)	802.000
3. Irak.	160.000	3.000.000
	226.926	5.902.000

(1) Comprend la partie britannique de l'ancien Est africain allemand.

(2) Ce territoire ainsi que le Samoa occidental et la Nouvelle-Guinée furent attribués à Sa Majesté britannique, sous réserve que les mandats seraient exercés, respectivement, par l'Union de l'Afrique du Sud, le Dominion de la Nouvelle-Zélande et le Commonwealth d'Australie.

(3) La Nouvelle-Guinée comprend la Nouvelle-Guinée allemande et toutes les îles allemandes au sud de l'Equateur, sauf les îles Samoa et Nauru.

(4) Les chiffres n'ont, en partie, qu'une valeur approximative.

(5) Non compris la Transjordanie.

Mandats B :

	Superficie	Population
1. Togo britannique	13.040	187.939
2. Togo français	20.077	747.130
3. Cameroun britannique	33.750	660.024
4. Cameroun français	154.442	2.771.132
5. Ruanda-Urundi	21.429	4.500.000
6. Tanganyika	373.500	4.107.000
	616.238	12.973.225

Mandats C :

	Superficie	Population
1. Sud-Ouest africain	322.393	190.404
2. Nouvelle-Guinée	91.300	378.701
3. Samoa occidental	1.133	36.688
4. Nauru	8	1.239
5. Iles au nord de l'Equateur	833	48.797
	415.667	655.829

Il ressort de ces chiffres que du total de la superficie des 14 territoires, soit 1.258.831 milles carrés anglais équivalant à 3.260.372 kilomètres carrés, il échut à :

l'Empire britannique	1.004.134 m. c. a.
la France	232.435 —
la Belgique	21.429 —
le Japon	833 —

Quant à la population indigène, les chiffres, d'après une évaluation approximative, se décomposent ainsi :

Empire britannique	9.563.995 âmes.
France	5.618.262 —
Belgique	4.500.000 —
Japon	48.797 —

Au point de vue de la superficie et de la population, l'intérêt de l'Empire britannique apparaît donc de beaucoup prépondérant.

§ 5. — Délimitation des frontières

Le Conseil suprême n'eut pas à déterminer les frontières des différents territoires sous mandat.

En ce qui concerne les pays sous mandat C, les limites étaient toutes tracées, soit par la nature elle-même — dans le cas des îles du Pacifique austral —, soit par des frontières fixées avant la guerre.

Les frontières des territoires africains sous mandat B ont été fixées dans les traités conclus entre les Puissances mandataires intéressées.

Quant aux frontières des territoires asiatiques sous mandat A, elles ont été déterminées par les traités et accords suivants :

a) Frontière entre la Turquie et l'Irak : traité entre la Grande-Bretagne, l'Irak et la Turquie, signé à Angora le 5 juin 1926.

b) Frontière entre l'Irak et le Nejd : accord entre le Gouvernement britannique et le Sultan de Nejd, signé à Bahra Camp, le 1er novembre 1925.

c) Frontière entre la Turquie et la Syrie :

1. Accord signé à Angora le 20 octobre 1921 entre M. Franklin-Bouillon et Youssouf Kemal Bey, Ministre des Affaires étrangères du Gouvernement de la Grande Assemblée nationale d'Angora.

2. Traité de Lausanne avec la Turquie, signé le 24 juillet 1923, article 3, paragraphe 1.

3. Convention d'amitié et de bon voisinage entre la France et la Turquie, signée à Angora le 30 mai 1926.

d) Frontière entre la Transjordanie et le Nejd : accord de Hadda entre le Gouvernement britannique et le Sultan de Nejd, signé à Bahra Camp, le 2 novembre 1925 ;

e) Frontière entre les trois territoires sous mandat A :

1. Convention entre la France et la Grande-Bretagne pour le règlement de certains points concernant les mandats pour la Syrie et le Liban, la Palestine et la Mésopotamie, signée à Paris le 23 décembre 1920.

2. Accord entre la France et la Grande-Bretagne relatif .
au tracé de la frontière entre la Syrie et la Palestine de la
Méditerranée à El Hammé, signé à Paris le 7 mars 1923.

§ 6. — Définition des termes des mandats

La mise en vigueur du régime requérait ensuite la définition, dans des chartes distinctes et applicables à chacun des
territoires, des termes des mandats auxquels les mandataires
devaient se conformer. Cette définition incombait au Conseil
de la Société des Nations, en vertu du paragraphe 8 de l'article 22 du Pacte (1).

Les projets des chartes concernant les anciennes colonies
allemandes (territoires B et C) furent rédigés par la Commission
mentionnée à la page 6 ci-dessus et présentés par les Puissances
intéressées au Conseil. Celui-ci, après s'être assuré que ces
projets répondaient aux dispositions du Pacte, les adopta
avec de légers amendements.

Les chartes relatives aux territoires de la catégorie C,
comprenant sept articles, purent être immédiatement confirmées, le 27 décembre 1920.

Par contre, la confirmation des autres chartes prévue pour
février 1921, subit un important retard dû à l'intervention
des Etats-Unis. Ceux-ci, quoiqu'ils n'eussent pas ratifié le
Traité de Versailles, firent connaître que leur approbation
préalable était nécessaire à la ratification de ces instru-
ments (2).

Le 17 juillet 1922, les Etats-Unis et les diverses Puissances
mandataires étant arrivés à un accord préliminaire, les chartes
B, contenant — sauf pour deux d'entr'elles (3) — douze arti-

---

(1) L'interprétation de ce paragraphe 8 approuvée par le Conseil est
exposée en détail dans le rapport de M. Hymans.

(2) Les motifs de cette réclamation et les négociations qui en résul-
tèrent, ont été exposé maintes fois par différents auteurs. Nous les pas-
serons donc sous silence.

(3) A savoir les chartes pour le Ruanda-Urundi et le Tanganyika qui
ont treize articles et qui, en outre, sont quelque peu différentes des autres
chartes de la catégorie B.

cles, à peu près uniformes, purent être confirmées par le Conseil, le 20 juillet, et entrèrent immédiatement en vigueur.

Les chartes pour la Palestine, y compris la Transjordanie, et pour la Syrie et le Liban, furent approuvées quelques jours plus tard, le 24 juillet 1922, sous la réserve qu'elles n'entreraient en vigueur que lorsque les Gouvernements français et italien auraient fait connaître au Conseil que les négociations engagées entr'eux, au sujet de certains points particuliers de la charte pour la Syrie et le Liban, avaient abouti à un accord définitif. Les représentants de ces Puissances annoncèrent, le 29 septembre 1923, la conclusion de cet accord. Le Conseil prit alors acte du fait que les chartes pour la Syrie et le Liban et pour la Palestine entraient automatiquement et simultanément en vigueur.

Ces chartes comprennent respectivement vingt et vingt-huit articles. Elles diffèrent considérablement des autres en raison du fait qu'en Syrie, au Liban et en Palestine, le mandataire se trouve en face de communautés reconnues provisoirement comme nations indépendantes. En outre, en ce qui concerne la Palestine, il fallait tenir compte de la déclaration faite le 2 novembre 1917 par le Gouvernement britannique et relative à la reconstitution du foyer national juif en ce pays.

Quant à l'Irak (Mésopotamie), le rapide développement politique de ce territoire depuis 1920 et sa reconnaissance par le Gouvernement britannique comme Royaume indépendant empêchèrent la confirmation du projet de charte mandataire soumis au Conseil vers la fin de 1920.

Il n'existe donc pour l'Irak aucune charte définissant les pouvoirs et les obligations du mandataire. Cependant, en remplacement d'un tel document, le Conseil approuva, au cours de ses séances du 27 septembre 1924 et du 11 mars 1926, les termes de deux communications du Gouvernement britannique « comme propres à donner effet aux dispositions de l'article 22 du Pacte ». Par conséquent, bien qu'il ait été reconnu comme Etat indépendant, l'Irak demeure soumis au régime des Mandats, jusqu'au moment où il fera partie de la Société des Nations.

Le Gouvernement britannique lui-même continue, d'ailleurs, à se considérer vis-à-vis de la Société comme lié par les engagements résultant du régime formulé par l'article 22 du Pacte (1).

§ 7. — Constitution de la Commission des mandats

La dernière mesure à prendre pour assurer le fonctionnement régulier du régime des mandats consistait à organiser la Commission prévue par le 9e paragraphe de l'article 22 du Pacte.

Le Conseil procéda à cette mesure après de longues délibérations, reprises au cours de plusieurs séances, dont il sera rendu compte en détail sous le second chapitre de la partie suivante. Il arrêta finalement, le 29 novembre 1920, la « Constitution de la Commission permanente des Mandats » qui, depuis, n'a subi aucune modification essentielle.

La Commission se réunit la première fois le 4 octobre 1921 (2).

---

(1) Le statut politique de l'Irak, considéré du point de vue du régime des mandats, a donné lieu à de nombreuses controverses. On sait que ce statut est réglé par le Traité d'alliance conclu entre la Grande-Bretagne et le Roi d'Irak en date du 10 octobre 1922, par un protocole additionnel signé le 30 avril 1923, par quatre accords subsidiaires conclus le 25 mars 1924, et enfin par un second Traité daté du 13 janvier 1926 modifiant en partie le premier Traité. — Voir entre autres à ce sujet : Paul PIC, article cité, p. 41 et 42 ; MILLOT, *op. cit.*, p. 81 sv. ; REDSLOB, article cité, p. 323 sv.

(2) Un aperçu des travaux accomplis au cours des sept premières sessions de la Commission a été publié par M. Bileski dans les revues *Die Gesellschaft*, Berlin (novembre 1924 et juillet 1926) et *Europäische Gespräche* (août 1925). — Un autre aperçu, beaucoup moins détaillé, portant sur les six premières sessions, est fourni par Walter Russell Batsell dans son article, *The United States and the system of Mandates*, International Conciliation, New-York (octobre 1925).

DEUXIÈME PARTIE
La surveillance de la gestion mandataire

CHAPITRE PREMIER
Obligation du Mandataire de se soumettre au contrôle de la Société des Nations

---

PREMIÈRE SECTION
Responsabilité du Mandataire en ce qui concerne sa gestion

« Née d'un mouvement général de l'opinion publique, la Société des Nations vivra et se développera au profit de l'humanité dans la mesure où elle saura gagner et conserver la confiance populaire. Rien ne développe et ne consolide cette confiance comme la manifestation de la sincérité avec laquelle sont appliquées les dispositions tutélaires du Pacte. Parmi ces dispositions, il n'en est peut-être point sur lesquelles l'ironie des sceptiques et des cyniques se soit exercée avec une joie plus amère que celles de l'article 22.

« Si, comme ils le prétendaient volontiers avant l'entrée en activité de votre Commission, ce texte n'était destiné qu'à dissimuler sous des formes prétentieuses et faussement humanitaires le désir d'exploitation de conquérants rapaces, si l'institution des mandats n'était que l'enveloppe hypocrite d'une annexion mal déguisée, il en résulterait pour la Société des Nations tout entière une diminution sensible et méritée de son prestige et de son autorité morale. Si, au contraire, il devait s'avérer de plus en plus clairement que l'administration « des peuples non encore capables de se diriger eux-mêmes » forme vraiment « une mission sacrée de civilisation » et une tutelle que les mandataires exercent au nom de la Société des Nations, pleinement conscients de leurs responsabilités envers elle comme envers leurs pupilles, la Société elle-même, la paix du monde par conséquent, en recueilleront le bénéfice » (1).

Cette exhortation touche bien au cœur même de la question des mandats.

Le mandat institue, en effet, une tutelle exercée au nom de la Société des Nations. Le Pacte lui-même le certifie en déclarant, au premier paragraphe de l'article 22, que le bien-être et le développement des peuples non encore capables de se diriger seuls et habitant les colonies et territoires détachés de l'Allemagne et de la Turquie, à la suite de la guerre, forment une mission sacrée de civilisation, et en proclamant ensuite, au deuxième paragraphe, que la meilleure méthode en vue de réaliser pratiquement ce principe est de confier la tutelle de ces peuples à certaines nations développées qui « exerceraient cette tutelle en qualité de mandataire et au nom de la Société ».

Or, qu'est-ce qu'une tutelle, sinon une mission comportant la responsabilité du tuteur envers celui qui l'a investi de cette tutelle ? Et que signifie le fait qu'elle est exercée en qualité de mandataire et au nom de la Société, si ce n'est qu'en acceptant le mandat le mandataire contracte l'obligation de rendre compte de sa gestion tutélaire à la Société des Nations, en d'autres termes qu'il se soumet au contrôle de cette Société.

D'ailleurs, c'est encore le Pacte qui l'affirme nettement en stipulant au septième paragraphe de l'article 22 que « dans tous les cas le mandataire doit envoyer au Conseil un rapport annuel concernant les territoires dont il a la charge » et en ajoutant, au neuvième paragraphe, qu'une « commission

---

(1) Exposé du Directeur de la Section des Mandats, M. William E. Rappard, prononcé à la 5e session de la Commission permanente des mandats ; voir P. V., V, p. 10.

permanente sera chargée de recevoir et d'examiner les rapports annuels des mandataires et de donner son avis sur toutes questions relatives à l'exécution des mandats. »

C'est cette responsabilité d'une part, ce contrôle d'autre part, qui, tant que le mandat conféré demeure en vigueur, constituent le lien indissoluble entre le mandataire et la Société des Nations, et déterminent les rapports qui existent entre ces deux entités.

De ces rapports se dégagent deux principes fondamentaux qui caractérisent le droit de contrôle de la Société.

Le Pacte, en prescrivant toute une série de garanties pour l'accomplissement de la mission civilisatrice et humanitaire confiée aux mandataires, a entendu que le contrôle fût sérieux et effectif ; un contrôle purement théorique et de façade ne cadrerait pas avec le sens et la portée des garanties posées.

Mais, d'autre part, tout en étant effectif, ce contrôle ne devra pas s'inspirer d'un sentiment de méfiance à l'égard du mandataire, le mandat ayant pour trait caractéristique, comme tout mandat de droit civil, la confiance en celui qui en est chargé.

Ces deux principes ont-ils été méconnus au cours de l'application du régime des mandats ? Personne, connaissant de près le fonctionnement de ce régime, ne saurait l'affirmer. Car, dès son entrée en vigueur, les principes énoncés ont, en effet, été scrupuleusement observés. Toute l'activité des organismes chargés de la surveillance de la gestion mandataire est de nature à justifier cette affirmation qui, d'ailleurs, trouvera sa pleine confirmation dans le développement, détaillé ci-après, des travaux de ces organismes.

SECTION II

Organes chargés du contrôle
de la gestion mandataire

—

§ 1. — Assemblée et Conseil.

Quel est, d'un point de vue constitutionnel, l'organe de contrôle opérant dans l'organisation de la Société des Nations ?

Remarquons que les trois derniers paragraphes de l'article 22 du Pacte ayant trait à l'application du système des mandats ne font mention que du Conseil de la Société des Nations. En effet, c'est au Conseil que le mandataire doit envoyer son rapport annuel ; c'est à lui que la Commission des mandats est tenue d'adresser son avis sur l'exécution des mandats, et c'est encore le Conseil qui est le seul qualifié pour statuer sur le degré d'autorité, de contrôle ou d'administration à exercer par le mandataire pour autant que ces points n'aient pas fait l'objet d'une convention antérieure entre les membres de la Société.

Il apparaît donc bien que c'est le Conseil, et lui seul, représentant la Société des Nations, qui est l'organe compétent en matière de mandats et que c'est à lui qu'incombe par conséquent le contrôle de la gestion des mandataires.

« Est-ce à dire que l'Assemblée n'ait aucune compétence en matière de mandats ? Nullement. Car si c'est dans l'article 22 du Pacte qu'il faut chercher l'attribution des compétences spéciales, en cette matière, c'est l'article 3 du Pacte qui définit la compétence générale de l'Assemblée. Or, cette compétence s'étend à « toute question qui rentre dans la sphère d'activité de la Société ou qui affecte la paix du monde ». Le principe même de la compétence générale de l'Assemblée de la Société, en matière de mandats, est donc indiscutable ; ce n'est que la mesure de cette compétence, sa délimitation exacte d'avec celle du Conseil, qui avait donné lieu à controverse » (1).

Et après avoir relaté cette controverse qui se produisit au sein de la première Assemblée en 1920, le même auteur poursuit :

« En résumé, le rôle de l'Assemblée consiste donc à exercer une certaine influence morale et très générale sur l'exécution du système du mandat. L'Assemblée sert, en quelque sorte, de trait d'union entre l'opinion mondiale et le Conseil, comme celui-ci assure le lien entre la Société des Nations et les mandataires. C'est par l'intermédiaire de l'Assemblée que le Conseil s'adresse à l'opinion publique ; celle-ci de son côté pourrait être exprimée dans les suggestions, recommandations ou vœux émis par l'Assemblée. Mais il est définitivement établi que le droit de décision en matière de mandats appartient au Conseil, à l'exclusion de tout autre organe de la Société des Nations ».

Cette conclusion se rapproche bien de la pratique poursuivie jusqu'à présent. Il est vrai qu'un rapport détaillé est présenté annuellement à l'Assemblée sur « l'œuvre du Conseil, sur le travail du Secrétariat et sur les mesures prises pour exécuter les décisions de l'Assemblée ». Ce rapport contient régulièrement un chapitre spécial consacré aux mandats. D'autre part cette matière fait chaque année dans les réunions de la Société l'objet de discussions plus ou moins étendues aboutissant d'ordinaire à des résolutions conçues en termes généraux et portant, soit sur l'ensemble du régime des mandats, soit sur certains points de la gestion du mandataire. Cependant il n'en demeure pas moins acquis que c'est le Conseil qui décide des mesures qu'il apparaît désirable de prendre au sujet des mandats, parfois après consultation, mais en général sans consultation préalable de l'Assemblée.

Il s'agit cependant de savoir jusqu'à quelles limites peuvent s'étendre ces mesures. Le Conseil a-t-il le droit d'intervenir impérativement ; peut-il prendre des décisions obligatoires pour les Puissances mandataires ?

---

(1) STOYANOVSKY, *op. cit.*, p. 130 et 131,

Rappelons que le système des mandats est un système de tutelle impliquant la confiance dans les Puissances chargées de l'administration de peuples mineurs. Notons en outre que, bien que ce système entraîne, pour ces Puissances, l'obligation de se soumettre au contrôle du Conseil, il n'en résulte aucunement qu'elles soient placées dans une situation de subordination quelconque vis-à-vis du Conseil ou de la Société des Nations.

Sur ce point, presque tous les auteurs qui se sont occupés de la question des mandats se sont mis d'accord.

« Le Conseil de la Société des Nations — dit un jurisconsulte belge (1) — chargé de veiller à l'observation des conditions ou garanties prévues par l'article 22, remplit sa mission en examinant les rapports annuels des mandataires. Aucune disposition ne l'autorise à procéder à une enquête sur leur territoire. Le cas échéant, le Conseil, après avoir pris l'avis de la Commission permanente instituée par le Traité (article 22, alinéa 9), pourra demander des explications au mandataire, mais uniquement sur le point de savoir si les conditions ou garanties de l'article 22 sont respectées ou non, et sans ingérence de ce qui est de la compétence exclusive du mandataire comme Etat souverain. Répétons-le, même dans ces limites, le Conseil n'a pas à émettre *d'injonctions*. Si le mandataire croit les observations du Conseil injustifiées et si celui-ci, après délibération, les maintient, il y a lieu à débat judiciaire devant la Cour qui aura été désignée dans la convention de mandat et qui sera, selon toute probabilité, la Cour permanente de Justice internationale ».

Le professeur Pic (2) s'exprime dans le même sens : « Le Conseil à son tour examine les rapports, étudie les avis de la Commission et prend les résolutions ou formule les recommandations qui lui paraissent opportunes. Sans pouvoir adresser de véritables injonctions aux Puissances, il a qualité, si elles se sont délibérément écartées des prescriptions impératives de l'article 22, pour leur rappeler leurs engagements

---

(1) H. ROLIN, article cité, p. 352.
(2) Paul PIC, article cité, p. 344 sv.

et provoquer au besoin, s'il y a doute sur la portée véritable de tel ou tel article du mandat, une décision de la Cour permanente de Justice internationale, dont tous les Etats mandataires ont par avance accepté l'arbitrage ».

D'autres soutiennent également cette thèse (1), alors que certains d'entre eux exposent une opinion différente et plus sévère (2).

Cependant, la procédure habituelle du Conseil donne raison aux premiers. En effet, le Conseil ne prend de résolutions en matière de mandats qu'à la suite d'une consultation par écrit ou verbale des représentants des Puissances mandataires qui font partie de ce collège. Ces résolutions ne sont adoptées que lorsque l'échange de vues, fréquemment repris ultérieurement, a abouti à une solution satisfaisante pour les deux parties.

C'est donc par voie de délibération et, s'il y a lieu, de persuasion, que s'exerce pratiquement le droit de contrôle du Conseil. Et si l'on était enclin à en déduire que, dans ces conditions, ce contrôle ne saurait avoir qu'une valeur plutôt platonique, il semble qu'il suffirait d'y répondre que la sanction réelle et efficace de la surveillance internationale réside, ainsi que celle de toute manifestation de la Société des Nations, dans la publicité intégrale de l'activité de cette dernière, sanction particulièrement significative comportant l'appel à l'opinion publique mondiale de toute attitude incompatible avec le régime des mandats.

---

(1) Entre autres : P. FAUCHILLE, *op. cit.*, p. 879 : « La décision que le Conseil peut prendre au sujet de l'application et de l'exécution des mandats n'est pas à proprement parler obligatoire pour la Puissance mandataire. Ce ne sont pas en effet des ordres qu'il a à lui donner ; il ne peut formuler que des observations, des suggestions et des vœux ».

(2) Entre autres : REDSLOB, article cité, p. 290 : « Cette effectivité (du contrôle) suppose que la Société des Nations ait le droit de faire des enquêtes, de critiquer la gestion du territoire, de demander des réformes... le droit ne peut être limité que par les termes du mandat que la Ligue a fixés par une convention avec la Puissance investie ».

§ 2. — Commission permanente des mandats.

La Commission des mandats, une des deux seules commissions instituées par le Pacte lui-même (1), ne constitue pas, à proprement parler, un organe de contrôle. Aux termes du Pacte, elle est chargée d'examiner les rapports annuels des mandataires et de donner au Conseil son avis sur toutes questions relatives à l'exécution des mandats. Elle est donc essentiellement un organe consultatif, dans ce sens que les seules démarches qu'elle puisse faire consistent à donner des avis au Conseil, que celui-ci, s'il le juge à propos, peut évidemment écarter.

En réalité, la Commission des mandats ne poursuit obligatoirement qu'un travail préparatoire, à l'intention du Conseil, travail que ce dernier ne pourrait effectuer. De ce fait, elle fonctionne en qualité d'instrument du Conseil et donne à celui-ci la possibilité d'accomplir sa mission de contrôle.

Cette Commission, n'ayant donc reçu du Pacte aucun pouvoir exécutif, ne saurait être considérée, du point de vue constitutionnel, comme un organe de contrôle. En effet, il ne peut être question d'une sorte de « doublure » qui serait inutile et de nature à compliquer les problèmes pouvant se poser et à en rendre plus difficile la solution. C'est au Conseil qu'incombe le contrôle ; c'est lui qui l'exerce à l'aide de la Commission des mandats.

Cependant, et précisément parce que cette aide est indispensable au Conseil et constitue, pour ainsi dire, la base de toute son activité en la matière, la Commission joue *en fait* le rôle d'un organe de contrôle ; et ce, d'autant plus que l'examen minutieux auquel elle doit procéder de l'administration des territoires sous mandat comporte forcément le contrôle de cette administration, bien que les conclusions découlant de l'ensemble de ses travaux n'empruntent leur

---

(1) L'autre est la Commission permanente consultative pour les questions militaires, navales et aériennes, prévue par l'article 9 du Pacte.

valeur qu'à l'approbation du Conseil. C'est seulement cette conséquence de fait qui paraît permettre de ranger la Commission des mandats dans la catégorie des organes de la Société chargés de contrôler l'application des mandats.

* *
*

En ce qui concerne ce qui précède, une question de principe se pose qui demande encore quelques commentaires : La Commission ayant à remplir annuellement une certaine tâche à l'intention du Conseil, en résulte-t-il qu'elle soit placée sous la dépendance directe de ce collège ?

Quoique n'ayant pas une importance pratique immédiate, cette question ne paraît pas, toutefois, devoir être passée sous silence.

La Commission des mandats tient de l'article 22 du Pacte une mission déterminée. Il semble donc bien que, tant que cet article demeure intact, cette mission ne saurait lui être retirée ou modifiée. D'ailleurs, aussi longtemps que durera le régime des mandats, la nécessité d'une commission permanente chargée du même travail que la commission actuelle s'imposera ; et à tel point que l'on serait en droit de dire que si une telle commission n'avait pas été instituée, les mandats n'existeraient que sur le papier.

Sans doute appartient-il au Conseil de fixer la procédure suivant laquelle la Commission aura à accomplir sa tâche, ce qui, d'ailleurs, a été fait par l'établissement, en 1920, de la « Constitution de la Commission permanente des mandats ».

Mais le Conseil n'a pas le pouvoir de modifier la mission que les termes mêmes du Pacte assignent à la Commission. Il pourra élargir cette mission s'il le juge opportun, comme il l'a fait à plusieurs reprises en chargeant la Commission de travaux particuliers ; il ne pourra pas la restreindre sans porter atteinte au Pacte lui-même.

SECTION III

Etendue du droit de contrôle de la Société des Nations

—

§ 3. — Droit de contrôle du Conseil

La question de savoir jusqu'où devra s'étendre le contrôle de l'administration mandataire a fait l'objet d'une étude approfondie au moment où il s'est agi, peu après l'entrée en vigueur du Traité de Versailles, de déterminer les mesures à prendre en vue d'assurer l'exécution de l'article 22 du Pacte et d'appliquer le système des mandats.

Le représentant de la Belgique dans le Conseil (M. Hymans) ayant été désigné comme rapporteur en cette matière, présenta au Conseil au début du mois d'août 1920 un rapport remarquablement élaboré sur les responsabilités incombant à la Société des Nations en vertu dudit article 22. Le troisième chapitre de ce rapport, déjà cité à la page 21 ci-dessus, était consacré à l'examen du droit de contrôle de l'activité des mandataires.

« Quelle sera — ainsi posa-t-il la question (1) — la responsabilité de la Puissance mandataire vis-à-vis de la Société des Nations ou, en d'autres termes, sur quoi portera le droit de contrôle de la Société des Nations ? Le Conseil devra-t-il se contenter d'examiner si la Puissance mandataire est restée dans les limites des pouvoirs qui lui avaient été conférés ou devra-t-il examiner si la Puissance mandataire a fait un bon usage de ces pouvoirs et si son administration a été conforme aux intérêts de la population indigène » ?

La réponse de M. Hymans à cette question est conçue en ces termes :

« L'interprétation la plus large me paraît devoir être adoptée. Les paragraphes 1 et 2 de l'article 22 ont fixé l'esprit qui doit

---

(1) Voir le « Document de l'Assemblée », 161, p. 17.

guider ceux qui ont charge d'administrer les peuples non
encore capables de se gouverner eux-mêmes ; ils ont déterminé
que la tutelle serait exercée par les Etats gouvernant en
qualité de mandataires et au nom de la Société des Nations.
Le rapport annuel prescrit par le paragraphe 7 devra certainement exposer l'ensemble de la situation morale et matérielle
des peuples sous mandat. Dès lors, il paraît évident que
c'est également sur l'ensemble de l'administration que devra
porter l'examen du Conseil. Celui-ci aura évidemment à faire
preuve en cette matière d'une extrême prudence, afin d'éviter
que l'exercice de son droit de contrôle ne provoque les réclamations les moins justifiées et n'augmente ainsi les difficultés
de la tâche assumée par la Puissance mandataire ».

Cette interprétation paraît parfaitement justifiée.

Les Etats mandataires ont été chargés de la tutelle de
peuples encore incapables de se gouverner eux-mêmes et
ils exercent cette tutelle au nom de la Société des Nations.
Il s'ensuit nécessairement que ces Etats devront exposer
dans leurs rapports annuels la situation morale et matérielle
des peuples dont ils ont la tutelle. Or, comme cette situation
morale et matérielle ne peut être que le résultat pratique de
l'activité tout entière des gouvernants, il est manifeste que
c'est sur l'ensemble de cette activité, en d'autres termes sur
l'ensemble de l'administration, que devra porter l'examen du
Conseil.

Aussi celui-ci, dans sa séance du 5 août 1920 tenue à Saint-
Sébastien, ne fit aucune objection à se ranger à l'opinion de
M. Hymans. Il approuva à l'unanimité le rapport de ce
dernier (1), ce qui amena le Secrétaire général à consigner à la
page 16 de son « Rapport sur les travaux du Conseil de la Société
des Nations présenté à la première session de l'Assemblée » :

« Le Conseil interprète dans un sens très large les pouvoirs
conférés à la Société en vue de la surveillance qu'elle a mission

____

(1) Les paroles prononcées à cette occasion par le représentant de la
France méritent d'être retenues. M. Bourgeois, est-il dit dans le procès-
verbal de la séance précitée, « ... est également d'accord avec M. Hymans
en ce qui concerne l'étendue du contrôle qui doit appartenir en matière
de mandats à la Société des Nations. Ce contrôle ne doit pas avoir uni-

d'exercer sur les Mandataires. La Société doit s'assurer que les Mandataires font bon usage des pouvoirs de Gouvernement qui leur sont remis et que leur administration est conforme aux intérêts de la population indigène » (1).

Le Conseil a donc fait sienne l'interprétation de M. Hymans ; il ne s'en est jamais départi. Au contraire, il la confirma expressément dans les différents mandats particuliers dont les termes furent arrêtés ultérieurement. C'est là un fait extrêmement remarquable, et de nature à couper court, semble-t-il, à tout doute.

Le 17 décembre 1920 furent confirmés les textes des mandats pour les régions sous mandat appartenant à la catégorie C. Tous contiennent sous l'article 6 une disposition uniforme libellée comme suit :

« Le Mandataire devra envoyer au Conseil de la Société des Nations un rapport annuel satisfaisant le Conseil et contenant toute information intéressant le territoire et indiquant les mesures prises pour assurer les engagements pris suivant les articles 2, 3, 4, 5 ».

Donc, en premier lieu, le rapport annuel devra être « satisfaisant » pour le Conseil ; secondement, il devra contenir « toute information intéressant le territoire » et, troisièmement, il devra indiquer « les mesures prises pour assurer les engagements pris suivant les articles 2, 3, 4, 5 ».

Il résulte clairement du texte susdit que non seulement le Conseil s'est réservé d'apprécier si la forme et le contenu du rapport lui conviennent, mais encore qu'il entend que ce rapport soit complet et embrasse tous les détails de la gestion tutélaire du territoire. Sinon, l'on pourrait se demander ce que signifie le fait que le rapport doit contenir toute « information intéressant » le territoire, indication qui, à elle seule, aurait suffi pour définir l'intention du Conseil.

---

quement pour objet de vérifier si les Puissances mandataires observent rigoureusement les termes de leur mandat.

« La question est plus élevée, et d'ordre moral. Le mandat n'a pas pour but d'accroître la puissance de certains Etats, mais de garantir aux populations intéressées le bien-être et le développement auxquels elles ont droit... ».

(1) Voir « Document de l'Assemblée », 37, p. 16.

Cependant, celui-ci ne s'en est pas tenu là ; il a demandé de plus que le rapport indique les mesures prises en exécution des obligations prescrites par les termes du mandat.

Or, quelles sont ces obligations, énumérées aux articles 2, 3, 4 et 5 ?

Ces articles, tous identiques dans tous les mandats C, contiennent, d'une part, une série d'obligations exactement définies. Ainsi le mandataire est tenu de prohiber la traite des esclaves ; de n'utiliser le travail obligatoire que dans certains cas déterminés et moyennant une rémunération équitable (article 3) ; d'appliquer au trafic de l'armement et des munitions des principes analogues à ceux de la Convention de Saint-Germain-en-Laye du 10 septembre 1919, et d'interdire la fourniture de spiritueux et de boissons alcooliques aux indigènes (article 3). En outre, il est interdit au mandataire d'établir des fortifications, des bases militaires ou navales dans le territoire et de donner aux indigènes une instruction militaire, si ce n'est pour la police ou la défense locale du territoire (article 4). Enfin, il lui est imposé de garantir, sous certaines réserves, dans toute l'étendue du territoire, la liberté de conscience et le libre exercice de tous les cultes (article 5).

D'autre part, en dehors de ces obligations d'un ordre concret et limité, les mandats C prévoient, sous le deuxième paragraphe de l'article 2, une obligation d'ordre général, embrassant toutes les conditions de la vie indigène et conçue en ces termes :

« *Le Mandataire accroîtra par tous les moyens en son pouvoir le bien-être matériel et moral, ainsi que le progrès social des habitants du territoire soumis au présent mandat* ».

La respectueuse observation de cette obligation générale, qui précise l'objet même de la tutelle confiée au mandataire, comporte sans aucun doute le devoir de soumettre annuellement au Conseil un rapport qui expose en détail toute la gestion administrative pendant l'année écoulée.

Cette conclusion a trait aux mandats C. Elle s'applique également aux mandats de la catégorie B qui contiennent tous, sous une forme quelque peu différente, des dispositions analogues à celles citées ci-dessus.

En effet, l'article 10 de ces mandats (1) stipule :

« La Puissance mandataire présentera au Conseil de la Société des Nations un rapport annuel répondant à ses vues. Ce rapport devra contenir tous renseignements sur les mesures prises en vue d'appliquer les dispositions du présent mandat ».

L'article 2 de ces mandats (2), plus explicite encore que la disposition analogue des mandats C, précise :

« Le Mandataire sera responsable de la paix, du bon ordre et de la bonne administration du territoire, accroîtra par tous les moyens en son pouvoir le bien-être matériel et moral et favorisera le progrès social des habitants ».

Enfin, dans les mandats A figure une disposition similaire : l'article 17 du mandat sur la Syrie et le Liban et l'article 24 du mandat sur la Palestine prescrivent (3) :

« Le Mandataire adressera au Conseil de la Société des Nations un rapport annuel, répondant à ses vues, sur les mesures prises pendant l'année pour l'application du mandat ».

La disposition qui suit immédiatement la précédente est plus significative encore. Elle est ainsi conçue :

« Les textes de toutes les lois et de tous les règlements promulgués pendant l'année seront annexés audit rapport ».

Il est vrai que cette prescription est omise dans les mandats B et C, sauf dans celui pour le Tanganyika où elle figure sous cette forme à l'article 11 :

« Une copie de toutes les lois et règlements mis en vigueur au cours de l'année et affectant la propriété, le commerce, la

---

(1) Voir l'article 11 dans les mandats pour le Ruanda-Urundi et le Tanganyika.

(2) Voir pour le Ruanda-Urundi et le Tanganyika l'article 3.

(3) En ce qui concerne l'Irak, constituant le troisième territoire sous mandat A, la matière est régie par l'engagement du Gouvernement britannique approuvé par le Conseil le 27 septembre 1924 et libellé comme suit :

« Un rapport annuel, destiné à rendre compte au Conseil de la Société des Nations, sera adressé à ce dernier au sujet des mesures prises en Irak, au cours de l'année, en vue d'appliquer les dispositions du Traité d'alliance. Des exemplaires de toutes les lois et de tous les règlements promulgués en Irak au cours de l'année seront annexés audit rapport ».

navigation ou le bien-être moral et matériel des indigènes sera jointe à ce rapport ».

Mais cette omission, due très probablement à une erreur involontaire, a été redressée ultérieurement par des résolutions du Conseil, aux termes desquelles les mandataires furent invités à joindre à leurs rapports, soit en annexe, soit en un recueil annuel spécial, les textes des dispositions législatives et administratives promulguées dans les territoires placés sous leur mandat (1).

A la lumière des prescriptions précitées, il semble qu'il ne peut subsister le moindre doute : c'est bien sur tous les détails de l'administration mandataire que le Conseil entend porter son contrôle.

En effet, que signifierait l'obligation imposée aux mandataires de consigner dans leurs rapports tous renseignements sur les mesures prises en vue d'accroître le bien-être moral et matériel ainsi que le progrès social des habitants, si ce n'est que le Conseil désire connaître les détails de la gestion mandataire afin de pouvoir les soumettre à son contrôle ? Que signifierait en outre la volonté exprimée par le Conseil de recevoir les textes législatifs et les règlements administratifs applicables aux territoires sous mandat, si ce n'est une affirmation renouvelée de la conception qu'il a de l'étendue de son contrôle ?

Enfin, quel sens admissible pourrait-on donner à un contrôle qui n'embrasserait qu'une partie de l'administration mandataire ? A quelle partie des actes du mandataire ce contrôle réduit devrait-il se limiter, puisque la responsabilité de la Puissance mandataire vis-à-vis de la Société des Nations a pour conséquence logique que c'est l'ensemble et non pas une partie indéfinissable de sa gestion qui devra faire l'objet du contrôle de la Société.

D'ailleurs, les décisions mentionnées du Conseil et les engagements contractés librement par les Puissances mandataires sont trop clairement et trop nettement exprimés pour qu'un

____

(1) Cette intervention du Conseil sera traitée plus amplement sous le paragraphe 13 du chapitre suivant.

doute puisse s'élever. Les unes et les autres sont de nature à démontrer que la thèse développée ici est la seule qui soit juridiquement concevable.

§ 4. — Droit d'examen de la Commission permanente des mandats

Ainsi qu'il a été exposé plus haut, la Commission des mandats n'a, théoriquement, que le droit d'examiner les rapports annuels des Puissances mandataires et de donner au Conseil son avis sur toutes les questions relatives à l'exécution des mandats. Ces avis constituant pour le Conseil le seul moyen d'exercer son contrôle, il s'ensuit que l'étendue du droit d'examen de la Commission ne saurait être inférieure à celle du droit de contrôle du Conseil.

En d'autres termes, le lien indissoluble qui unit ces deux organismes implique forcément que l'étendue du droit de contrôle détermine exactement l'étendue du droit d'examen.

Si le Conseil pouvait procéder lui-même à l'examen de l'administration mandataire, songerait-il, dans ce cas, à arrêter cet examen avant d'avoir atteint la limite de son contrôle fixée d'après la conception qu'il se fait de son devoir ? Pourquoi serait-ce différent alors qu'une commission spéciale a dû être chargée de cet examen ?

Loin de méconnaître que l'examen et le contrôle doivent aller nécessairement de pair et viser au même but, le Conseil, au contraire, l'a reconnu formellement en dotant la Commission de diverses attributions et en lui laissant une liberté d'action de nature à lui permettre de faire porter son examen sur tous les détails de la gestion tutélaire. En effet, le Conseil, tenant compte notamment de la dernière clause de l'article 22 du Pacte, a inséré dans la « Constitution » de la Commission deux dispositions qui méritent de retenir l'attention (1).

La première décide que les Puissances mandataires se feront représenter, aux séances de la Commission où seront discutés leurs rapports annuels, par des délégués dûment accrédités

____

(1) Voir sur ces dispositions le paragraphe 3 du chapitre suivant.

èt « capables de fournir les éclaircissements et les renseignements complémentaires que la Commission pourrait être amenée à leur demander ».

La seconde autorise la Commission à poser aux délégués
réunis, après avoir procédé à l'étude des rapports annuels,
« toutes autres questions relatives aux mandats » qu'elle désire
porter à la connaissance du Conseil et, par son intermédiaire,
à celle des Puissances mandataires et des autres Etats membres
de la Société des Nations.

Ces deux dispositions, ne comportant aucune réserve,
semblent bien corroborer la conception manifestement très
large que le Conseil s'est faite du droit de contrôle de la Société.

Il n'a pas voulu, comme le démontre le paragraphe précédent, que ce contrôle puisse avoir l'apparence d'une fonction
théorique et sans objet sérieux. Il a, bien au contraire, manifesté nettement la volonté qu'il entre dans le détail et soit
efficace ; et, ne perdant pas de vue les nécessités pratiques
qu'entraîne ce contrôle, il a pleinement mis la Commission
des mandats en mesure de poursuivre sa tâche, qui est indispensable à la réalisation du principe de surveillance internationale, pierre angulaire de tout le régime des mandats.

§ 5. — Point de vue des Mandataires

Il n'est que juste de reconnaître avec gratitude que rien
ne permet de douter que, d'une façon générale, les Puissances
mandataires ne se soient associées entièrement aux vues du
Conseil, scrupuleusement observées par la Commission des
mandats.

Ces Puissances ne se sont-elles pas en effet attachées à
rendre leurs rapports annuels de plus en plus complets, de
sorte que ceux-ci couvrent l'activité tout entière des différentes branches de l'administration ?

Se sont-elles jamais opposées à suivre, pour la préparation
de ces rapports, les questionnaires détaillés que la Commission
établit à leur intention lors de ses premières sessions ?

N'ont-elles pas toujours apporté leur collaboration loyale

et cordiale à la Commission, collaboration que le Conseil·leur a demandé de donner ? Ont-elles jamais manqué de fournir, par écrit ou verbalement, au cours des séances de la Commission tenues en présence de leurs représentants accrédités, tous les renseignements complémentaires que la Commission désirait connaître ?

Enfin, n'ont-elles pas, dans la mesure du possible, déféré au désir de la Commission de recevoir le concours de délégués participant directement à l'administration des territoires sous mandat ? Et ce concours n'a-t-il pas permis à la Commission de procéder à un examen, encore plus approfondi qu'auparavant, de tous les aspects de la gestion mandataire ?

En face de tous ces faits qui se sont reproduits annuellement (1), il serait malaisé de soutenir que les Puissances mandataires aient eu une conception de leur responsabilité envers la Société des Nations et, partant, du contrôle incombant à celle-ci, différente de celle du Conseil.

***

Néanmoins, en dépit de ces faits particulièrement significatifs et des dispositions prises par le Conseil pour assurer le contrôle conformément à ses vues, l'étendue de ce contrôle ainsi que la compétence de la Commission des mandats ont, à deux reprises, été mises en cause au sein du Conseil.

Lors de l'examen du 3e rapport de la Commission, le représentant de la France, M. Hanotaux, soutint, à la séance du 12 décembre 1923, que la Commission des mandats tendait à aller au delà des pouvoirs qui lui avaient été confiés. « Elle a pour mission — déclara-t-il — de donner des avis au Conseil sur des questions relatives à l'exécution des mandats ; elle ne peut pas faire de sa propre initiative des propositions sur l'ensemble de l'administration des territoires sous mandat ».

Le Marquis Theodoli, président de la Commission, fit ressortir que, lorsque la Commission se trouvait en présence de

______

(1) De plus amples détails sur ces faits seront donnés sous le 2e chapitre.

difficultés intéressant l'administration des territoires sous mandat, il était de son devoir d'apporter au Conseil des suggestions susceptibles de résoudre ou d'atténuer ces difficultés. M. Hanotaux se déclara d'accord, mais fit observer « qu'il ne peut s'agir que de remarques sur des faits accomplis et non d'initiatives de la Commission antérieures à ces faits ». « La Commission — ajouta-t-il — doit donner son avis sur l'exécution des mandats, et pas autre chose ».

Cette conception implique qu'il n'appartient à la Commission que de vérifier si les mandataires se sont maintenus dans les limites des pouvoirs qui leur ont été conférés, et non pas d'adresser au Conseil, de son propre chef, des recommandations d'ordre général. Elle ne fut partagée par aucun des collègues de M. Hanotaux. En effet, elle ne tient compte, comme on le verra par la suite, ni de l'opinion contraire du Conseil exprimée à sa séance du 26 novembre 1920, ni des dispositions qui en furent la conséquence et qui accordent justement à la Commission des mandats la faculté de soumettre au Conseil, en dehors des conclusions à tirer des rapports annuels des Puissances mandataires, « toutes autres questions » relatives aux mandats.

Le second cas, de caractère tout différent et d'une portée beaucoup plus grave, s'est produit à la suite de l'examen du neuvième rapport de la Commission, présenté au Conseil le 25 juin 1926.

Ainsi qu'il sera exposé en détail (1), ce rapport soumettait à l'approbation du Conseil une liste de questions que la Commission aurait désiré voir traiter dans les rapports annuels concernant les territoires sous mandats B et C. De plus, la Commission demandait à être renseignée sur la manière de voir du Conseil sur l'opportunité de convoquer, dans des cas exceptionnels, les auteurs de certaines pétitions sur lesquelles la Commission n'aurait pas pu arriver à se faire une opinion définitive.

Ces deux propositions provoquèrent, à la séance du 3 septembre 1926, de vives objections de la part des représentants

---

(1) Voir ci-après les paragraphes 12 et 15 *e*, du 2ᵉ chapitre.

des Puissances mandataires. Aussi le Conseil résolut-il d'ajourner sa décision afin de permettre aux Puissances intéressées de lui faire connaître leurs vues.

Ces vues furent développées par les Gouvernements de toutes les Puissances mandataires. Le Gouvernement britannique exposa le premier son avis motivé dans une lettre adressée au Secrétaire général en date du 8 novembre 1926.

Alors que les autres Gouvernements se bornèrent à discuter les deux questions spéciales dont il s'agissait, celui de la Grande-Bretagne fit précéder son avis d'un exposé sur le caractère général du contrôle auquel les mandataires sont, à son avis, tenus de se soumettre.

Cet exposé s'appuyait sur les termes de l'article 22 du Pacte, sur ceux des mandats B et C ainsi que sur le rapport relatif au contrôle que M. Hymans soumit au Conseil en août 1920. Il contenait les conclusions suivantes figurant au paragraphe 9 de la lettre précitée :

« Au sujet de la question des rapports annuels, M. Hymans déclare plus loin « que le rapport annuel devra certainement exposer l'ensemble de la situation morale et matérielle des peuples sous mandat ». C'est donc en tenant compte de l'objet ainsi défini et des termes mêmes du Pacte que nous devons interpréter l'idée émise par M. Hymans lorsqu'il dit que « c'est également sur l'ensemble de l'administration que devra porter l'examen du Conseil ». L'objet des rapports est de faire connaître au Conseil la « situation morale et matérielle des habitants », mais il est évident qu'on ne saurait exiger du Conseil qu'il examine et contrôle, soit par lui-même, soit par l'intermédiaire de la Commission, tous les détails de l'administration ; il ne pourrait, d'ailleurs, s'acquitter d'une tâche aussi herculéenne. Sa mission est de veiller à ce que l'administration des territoires sous mandat soit, d'une manière générale, conforme au principe énoncé à l'article 22 du Pacte. S'il avait des raisons de supposer que cet idéal n'est pas atteint, il procéderait naturellement à des enquêtes aussi détaillées qu'on pourrait le juger nécessaire pour établir les faits et il formulerait les recommandations qu'il jugerait appropriées pour remédier aux abus particuliers qui pourraient être découverts. Mais rien ne permet de conclure que l'on ait jamais eu l'intention d'imposer à la Puissance mandataire l'obligation de soumettre chaque année au Conseil ou à la Commission, aux fins d'approbation ou de critique, tous les détails de son activité en matière d'administration et de législation. Au contraire, M. Hymans repousse évidemment l'idée d'une telle procédure lorsqu'il fait observer, dans le rapport déjà cité, que « le Conseil aura évidemment à faire preuve, en cette matière, d'une extrême prudence afin d'éviter que l'exercice de son droit de contrôle ne provoque les réclamations les moins justifiées et n'augmente ainsi les difficultés de la tâche assumée par la Puissance mandataire ».

Appliquant cette conception aux deux cas spéciaux qui firent l'objet de la lettre, le Gouvernement britannique déclara au paragraphe 10 :

« Etant donné les considérations qui précèdent, les Gouvernements mandataires de l'Empire britannique estiment que les deux propositions formulées par la Commission des mandats reposent sur une conception erronée des obligations et des responsabilités de la Commission et du Conseil. La théorie selon laquelle les pétitionnaires doivent avoir la possibilité d'exposer leurs griefs est parfaitement correcte, mais la suggestion de la Commission, selon laquelle les pétitionnaires devraient être entendus, constitue, de l'avis des Gouvernements précités, une application illégitime et dangereuse de la théorie. La thèse qui est impliquée dans la nouvelle liste de questions et selon laquelle la Commission revendiquerait le droit d'examiner en détail et de contrôler toute l'activité de la Puissance mandataire est inutile pour l'objet en vue duquel le système des mandats a été institué et, de plus, elle est inconciliable avec les principes établis par M. Hymans et acceptés par le Conseil pour l'application de ce système ».

Ces déclarations contredisent de la façon la plus formelle les conclusions qu'inspire une étude attentive des facteurs définissant la responsabilité des Puissances mandataires. Elles ne peuvent manquer de surprendre par leur sévérité à l'égard de la Commission des mandats et, à la fois, par le peu de solidité de la base sur laquelle elles reposent,

Le Gouvernement britannique a-t-il démontré que le Conseil et la Commission n'ont que la mission de veiller à ce que la gestion mandataire soit, « d'une manière générale », conforme aux principes du Pacte ? A-t-il établi que la Puissance mandataire n'est pas tenue de soumettre à la Société des Nations « tous les détails de son activité en matière d'administration et de législation » ?

Dans l'affirmative, la question se poserait de savoir ce que signifient les dispositions concordantes des différents mandats, textuellement reproduites ci-dessus aux pages 44 à 47. Ces dispositions ont été passées sous silence dans la lettre britannique. Elles conduisent cependant à une réponse contraire à celle contenue dans cette lettre.

Le Gouvernement britannique s'est, par contre, référé au rapport de M. Hymans du mois d'août 1920 ; mais il passe encore sous silence le passage le plus significatif de ce rapport qui exprime nettement la pensée de l'auteur en ce qui concerne l'étendue du droit de contrôle du Conseil.

Aux termes de ce passage, reproduit intégralement aux pages 42 et 43 ci-dessus, la question se pose ainsi : le Conseil doit-il « se contenter d'examiner si la Puissance mandataire est restée dans les limites des pouvoirs qui lui avaient été conférés », ou bien doit-il « examiner aussi si la Puissance mandataire a fait un bon usage de ces pouvoirs et si son administration a été conforme aux intérêts de la population indigène »? M. Hymans répond que « l'interprétation la plus large » paraît devoir être adoptée.

D'après ce point de vue, approuvé sans réserve par le Conseil, l'objet du contrôle de ce dernier devait être double : le Conseil aurait en effet à examiner, non seulement si la Puissance mandataire a dépassé ses pouvoirs, mais encore si elle en a fait un bon usage en conformité avec les intérêts des indigènes.

Or, comment le Conseil pourrait-il exercer ce contrôle sans connaître les détails de l'administration mandataire ?

C'est la nécessité de les connaître qui a amené ce collège à assurer, par des prescriptions précises, la communication de ces détails dans les rapports annuels, et à prendre des dispositions pour assurer à la Commission un supplément d'informations, chaque fois que les renseignements fournis paraîtraient insuffisants.

Ce dernier point, mentionné à la page 49 ci-dessus et commenté plus amplement sous les paragraphes 3 et 8 du chapitre suivant de cette étude, constitue le troisième aspect du problème. La lettre britannique n'y a accordé aucune attention, pas plus qu'au fait, pourtant concluant, que jusqu'ici aucune des Puissances mandataires n'a jamais manifesté la moindre répugnance à exposer tous les détails de son administration.

En vertu de ce qui précède, il paraît difficile de reconnaître que le Gouvernement britannique, parlant au nom des Gouvernements mandataires de l'Empire britannique (les autres Puissances investies d'un mandat n'ayant pas touché à la question de principe soulevée), ait apporté les éléments nécessaires à l'adoption de son point de vue, à savoir :

que le Conseil et la Commission n'ont qu'à s'assurer que la gestion mandataire a été, « d'une manière générale », conforme aux principes du Pacte ;

et que la revendication du droit d'examiner en détail et de contrôler toute l'activité de la Puissance mandataire est « inutile pour l'objet du mandat » et, de plus, « inconciliable avec les principes établis par M. Hymans et acceptés par le Conseil ».

En vérité, c'est le contraire qui ressort, avec une clarté parfaite, de toutes les mesures prises pour assurer le bon fonctionnement du régime des mandats ainsi que de l'application de ce régime depuis sa mise en vigueur.

CHAPITRE II

La Commission permanente des mandats

SECTION PREMIÈRE
L'organisation de la Commission et sa procédure

Deux règlements, à savoir la « Constitution de la Commission permanente des mandats » et son « Règlement intérieur » qui en constitue en quelque sorte une annexe, déterminent, pour autant qu'il s'agit de l'accomplissement de la mission prévue par le dernier paragraphe de l'article 22 du Pacte, l'organisation et la procédure de cette Commission (1).

Sa « Constitution » se compose de trois parties distinctes : la première, ne comprenant qu'un seul paragraphe *a*), détermine notamment la composition de la Commission ; la deuxième, couvrant les paragraphes *b* à *h*, établit la procédure à suivre en collaboration avec les représentants accrédités des Puissances mandataires ; enfin, la troisième renferme quelques dispositions complémentaires figurant aux paragraphes *i* à *k*.

Les textes des deux règlements seront reproduits ci-après, accompagnés de quelques commentaires auxquels seront ajoutées dans la section suivante certaines observations particulières portant sur l'ensemble des dispositions prises.

___

(1) La Commission est, de plus, chargée d'une tâche spéciale en matière de pétitions qui, ne résultant pas directement du Pacte, sera traitée séparément : voir la 3ᵉ section de ce chapitre.

§ 1. — Composition de la Commission

En ce qui concerne la composition de la Commission des mandats, M. Hymans, dans son rapport mentionné à la page 42, soumit au Conseil les suggestions suivantes :

« 1. Il est désirable pour la bonne information de la Commission qu'elle comprenne à titre de membre un délégué de chaque Puissance mandataire.

« 2. On a objecté que, dans ces conditions, ces Puissances seraient juges et parties ; la réponse est que la Commission ne juge pas et n'est appelée qu'à rendre des avis ; au surplus, il serait aisé de stipuler qu'aucun membre de la Commission ne pourra prendre part à un vote relatif à un rapport émanant de l'Etat ou de l'Empire qu'il représente.

« 3. Comme il est nécessaire, néanmoins, afin de garantir l'impartialité des avis rendus par la Commission, de ne pas laisser aux Puissances mandataires seules le pouvoir d'apprécier la manière dont chacune d'elles s'est acquittée de son mandat, la Commission serait complétée par l'adjonction d'autres membres en nombre supérieur à celui des membres désignés par les Puissances mandataires. Comment déterminer ces autres membres ? Je propose qu'ils soient nommés par le Conseil. Celui-ci désignerait un certain nombre de personnalités privées qui seraient appelées à siéger comme membres dans la Commission pour l'examen soit de tous les mandats, soit de certains d'entre eux. Ces personnalités ne pourraient appartenir à aucun des Etats déjà représentés comme Puissances mandataires. Il est clair qu'il serait fait appel tout d'abord à l'expérience des ressortissants de Puissances coloniales non mandataires ».

Ces suggestions prirent, dans un second rapport de M. Hymans du mois d'octobre 1920 (1), la forme de dispositions libellées comme suit :

« I. La Commission des mandats prévue à l'article 22 du Pacte est composée de 15 membres. Les Puissances manda-

______

(1) Voir « Document de l'Assemblée, 161 », p. 29.

taires : Australie, Belgique, France, Grande-Bretagne, Japon, Nouvelle-Zélande, Afrique du Sud, auront chacune le droit de désigner un membre ; les huit autres membres sont élus par le Conseil parmi des candidats présentés par les Etats non mandataires appartenant à la Société des Nations. Ces membres ne sont pas les représentants de leurs Gouvernements ; ils sont choisis à raison de leur compétence et de leur mérite personnel.

« II. Aucun membre de la Commission ne peut prendre part à un vote relatif à un rapport concernant la Puissance mandataire qu'il représente.

« III. Les membres peuvent se faire assister au plus de deux délégués techniques qui n'ont pas de droit de vote ».

Contre ces propositions, et notamment contre la première, s'élevèrent plusieurs voix dans la séance du Conseil du 14 novembre 1920 où elles firent l'objet d'une discussion animée (1).

Le Secrétaire général les défendit en observant que « si le nombre des membres de la Commission est très réduit (comme il avait été suggéré d'autre part), il sera très difficile aux membres de cette Commission de critiquer la gestion des mandats confiés aux grandes Puissances, et que la responsabilité personnelle de ces membres deviendrait de ce fait très lourde. D'autre part, il ne paraît pas désirable de réduire la Commission à n'être qu'un organe de critique. En prévoyant que la Commission serait composée d'un nombre assez important de membres, parmi lesquels toutes les Puissances mandataires seraient représentées, on a voulu envisager, pour la Commission, une œuvre positive de coopération dans tout ce qui a trait au bien-être et au progrès des populations placées sous mandat ».

M. Hymans soutint également sa conception initiale en faisant remarquer que « l'idée dont s'inspire le projet soumis au Conseil et qui consiste à établir entre tous les Etats investis d'un mandat, au nom de la Société des Nations, un esprit commun, en leur associant, dans la Commission, les représen-

----

(1) Voir les procès-verbaux de la onzième session du Conseil, tenue à Genève, p. 5 et 6.

tants (1) d'Etats qui, sans avoir d'intérêt direct dans les questions soumises à la Commission, ont cependant une expérience spéciale de ces questions, est une conception internationale intéressante ; on aurait tort d'y renoncer trop vite ».

Par contre, le représentant britannique (M. Fisher) exprima l'opinion, partagée en principe par son collègue italien (M. Tittoni), « qu'il serait plus pratique et moins coûteux de réduire le nombre des membres de la Commission, par exemple à cinq. Les représentants des Dominions britanniques partagent cette opinion. Etant donné que la Commission des mandats peut être appelée à reviser les conditions dans lesquelles les Puissances mandataires auront exercé leurs mandats, il serait peut-être préférable que ces Puissances ne fissent pas partie de la Commission ainsi réduite ».

Enfin, le représentant de la France, ne s'associant pas aux vues de son collègue britannique, fit ressortir « que la question essentielle est de savoir si les Puissances investies d'un mandat seront présentes aux délibérations au cours desquelles la Commission examinera leur gestion. En envisageant la présence de tous les représentants des Puissances mandataires au sein de la Commission, on a voulu, en outre, assurer l'unité de la jurisprudence qui sera créée par les décisions de la Commission. Cette unité de jurisprudence est la condition de l'autorité morale dont la Commission a besoin pour exercer son contrôle. Cette autorité serait mise en cause si on ne maintenait pas un contact avec les Puissances mandataires intéressées ».

Finalement, M. Bourgeois déclara que, dans le sens de l'opinion exprimée par M. Fisher et M. Tittoni, « on pourrait concevoir, par exemple, que les Puissances investies d'un mandat désigneraient trois d'entre elles pour les représenter à la Commission, alors qu'il y aurait quatre membres désignés par les Puissances non mandataires, étant entendu que l'un de ces trois membres représenterait la Puissance directement intéressée dans la délibération de la Commission ».

---

(1) Apparemment, M. Hymans voulut parler, non pas de « représentants », mais de « ressortissants ».

Les avis reproduits ci-dessus, tout en présentant un grand intérêt au point de vue du rôle que, suivant le Conseil, la Commission aurait à jouer en accomplissant sa mission, ne nous apprennent pas cependant, pas plus que le procès-verbal de la séance ultérieure du 26 novembre 1920 (1), comment, au cours de cette dernière, le Conseil arriva à une décision s'écartant essentiellement des propositions discutées auparavant, et conçue en ces termes :

« Le Conseil décide que la Commission des mandats comprendra neuf membres et que la majorité de ces membres seront des ressortissants d'Etats non mandataires.

« Les membres de la Commission seront nommés par le Conseil et choisis en raison de leur compétence. Tant qu'ils feront partie de la Commission, ils ne devront pas être au service du Gouvernement de la nation à laquelle ils appartiennent ».

Cette décision ne présente plus aucune analogie avec l'idée première de M. Hymans.

En effet, elle déclare nettement que tous les membres seront nommés par le Conseil en raison de leurs qualités personnelles. Elle exclut par ce fait toute distinction entre les membres ressortissants d'Etats mandataires et les autres ; elle n'admet par conséquent pas de membres représentant leur pays à titre de délégués, et accorde à tous les mêmes droits et impose à tous les mêmes devoirs.

Ce fut, sans aucun doute, une solution des plus heureuses. En effet, la participation aux travaux de la Commission d'un certain nombre de membres siégeant en qualité de représentants des Puissances mandataires n'aurait certainement pas assuré l'impartialité des conclusions de la Commission — impartialité qui, en toute circonstance, devra être absolue. De plus, cette participation aurait très probablement risqué de compromettre la collaboration cordiale et le libre échange de vues, condition indispensable au succès de la délicate mission qui est impartie à la Commission.

« Il est certain — dit Stoyanovsky (2) — que l'impar-

---

(1) Voir les procès-verbaux de la onzième session du Conseil, p. 14.
(2) STOYANOVSKY, *op. cit.*, p. 134.

tialité des avis de la Commission permanente des mandats est mieux assurée dans la décision du Conseil, grâce aux deux mesures prises à cet effet : 1) nomination de tous les membres, sans distinction entre les ressortissants des mandataires et ceux des non mandataires par le Conseil ; 2) incompatibilité entre la qualité de membre de la Commission permanente des mandats et celle de fonctionnaire. L'indépendance des membres de la Commission permanente des mandats vis-à-vis de leurs gouvernements respectifs — surtout quand il s'agit des mandataires — est, en effet, une garantie indispensable de leur impartialité. Car, si la nomination des ressortissants des mandataires, à la Commission permanente des mandats, avait été laissée à leurs gouvernements respectifs, et si aucune espèce d'incompatibilité n'avait été prévue, les membres de la Commission, représentant les mandataires, seraient tout simplement des fonctionnaires de leurs ministères respectifs des colonies ; la Commission permanente des mandats ne répondrait sûrement pas à son but, car l'esprit de juste critique lui ferait défaut. Les représentants des mandataires au sein de la Commission ne pourraient, en effet, que défendre les méthodes adoptées par leurs supérieurs hiérarchiques ou par eux-mêmes, dans leurs ministères, sans pouvoir toujours distinguer si elles sont bonnes ou mauvaises ».

Conformément à la décision prise, les deux premiers alinéas de la Constitution approuvée stipulent (1) :

« a) *La Commission permanente des mandats prévue au paragraphe 9 de l'article 22 du Pacte comprendra neuf membres. La majorité de la Commission se composera de nationaux de pays non mandataires.*

« *Tous les membres seront nommés par le Conseil et choisis en raison de leur valeur personnelle et de leur compétence. Ils ne pourront exercer dans leur pays aucune fonction qui les placerait dans la dépendance directe de leur Gouvernement, tant qu'ils feront partie de la Commission* ».

---

(1) Elle fut approuvée le 29 novembre 1920 ; cependant, dans la séance du Conseil du 1er décembre, elle subit encore une légère modification.

§ 2. — Représentation d'intérêts divers
au sein de la Commission

Aux deux dispositions précitées fut ajoutée, sous le même paragraphe *a*, par suite d'une suggestion du Directeur du Bureau international du Travail, M. Albert Thomas (1), une troisième clause spécifiant :

« *L'Organisation internationale du Travail pourra adjoindre à la Commission permanente un expert de son choix. Cet expert aura le droit d'assister, avec voix consultative, à toutes les séances de la Commission permanente où seront discutées des questions relatives au régime du travail* ».

M. Albert Thomas s'était attaché à faire ressortir le grand avantage qu'il y aurait, par rapport aux articles 421 et 427 du Traité de Versailles, à ce que l'Organisation internationale du Travail fût représentée à la Commission des mandats. Le Conseil n'admit cependant que la présence d'un expert désigné par cette Organisation à certaines séances de la Commission, non pas en qualité de membre, mais à titre de conseiller n'ayant que voix consultative, de sorte que cet expert ne prend pas part aux votes, même pas à ceux concernant des questions de travail.

Le procès-verbal de la séance du Conseil du 26 novembre 1920 au cours de laquelle cette décision fut prise ne donne aucune information propre à expliquer la raison pour laquelle le Conseil s'écarta de la suggestion formulée par M. Albert Thomas. Cependant, il semble permis de présumer que le Conseil jugea ne pas devoir augmenter, dès le début, le nombre des membres de la Commission des mandats fixé après de longues délibérations à neuf. En outre, il prévit probablement que la nomination du représentant de l'Organisation du Travail en qualité de membre eût pu entraîner des conséquences par rapport à d'autres organisations s'occupant d'intérêts spéciaux.

---

(1) Voir sa lettre adressée au Secrétaire général en date du 17 novembre 1920 et reproduite en annexe aux procès-verbaux de la onzième session du Conseil, p. 88.

Ajoutons qu'au cours de la première Assemblée de la Société des Nations, l'on préconisa de réserver au moins une place au sein de la Commission à une femme qui représenterait les intérêts particuliers des femmes et des enfants dans les territoires sous mandat. Le Conseil ne crut pas devoir adopter ce principe, apparemment pour la même raison qui le décida à se prononcer contre toute représentation spéciale au sein de la Commission.

Il est vrai qu'en fait une femme fut nommée comme membre de cette Commission, mais elle y siège au même titre que ses collègues et non pas en qualité de représentant d'intérêts particuliers (1).

<h3 align="center">§ 3. — Droit des Mandataires de collaborer aux travaux
de la Commission</h3>

Bien que la suggestion primitive de M. Hymans qui tendait à faire participer aux travaux de la Commission des représentants des Puissances mandataires siégeant à titre de délégués de leurs Gouvernements fût rejetée, le principe d'une coopération officielle et constante entre les mandataires et la Commission n'inspira aucune objection aux membres du Conseil.

Ce sage principe trouva son expression dans les dispositions détaillées reproduites ci-dessous, et dont la pensée directrice peut se résumer ainsi : La Commission des mandats ne devra se composer que de membres indépendants de leurs Gouvernements. Rien ne devra les empêcher de se livrer à un examen sérieux et de s'exprimer en toute franchise. Leurs échanges de vues devront cependant avoir lieu en présence de représentants dûment accrédités des Puissances mandataires ayant le droit de participer en toute liberté aux discussions, à charge de fournir à la Commission tous renseignements et informations complémentaires dont celle-ci pourrait avoir

---

(1) Une troisième suggestion présentée à la deuxième Assemblée et tendant à ce qu'un homme de race indigène fût admis comme membre de la Commission n'eut pas non plus de suite.

besoin, afin de dissiper, dans la mesure du possible, tous malentendus qui pourraient se produire ou bien de prévenir des conclusions reposant sur une documentation incomplète.

Cette procédure, qui a présenté de sensibles avantages pour la Commission, n'a eu et ne pouvait avoir que les résultats les plus heureux.

En effet, elle a tout d'abord permis à la Commission de s'entourer de tous les éléments nécessaires à une juste appréciation de la gestion des différents territoires et d'obtenir sans retard tous les détails indispensables à l'étude approfondie de questions de principe qui surgirent fréquemment au cours des délibérations elles-mêmes. Elle a, d'autre part, assuré pratiquement une atmosphère de collaboration cordiale et confiante, absolument nécessaire pour l'accomplissement d'une tâche pénible et délicate.

Aussi est-ce bien cet esprit qui a présidé aux travaux de la Commission et qui l'engagea, dès le début, à accueillir avec empressement toute procédure susceptible d'intensifier la collaboration des délégués des Puissances mandataires, collaboration à laquelle elle n'a jamais cessé d'attacher le plus grand prix.

Cette collaboration prend dans sa Constitution deux formes distinctes, l'une s'appliquant à l'examen en commun des rapports annuels, l'autre à l'étude de questions générales.

A. — *Participation à l'examen des rapports annuels.*

Les paragraphes *b*) et *c*) de la « Constitution » prescrivent :

« b) *Les Puissances mandataires adresseront leur rapport annuel prévu au paragraphe 7 de l'article 22 du Pacte à la Commission par les soins de Représentants dûment accrédités, capables de fournir les éclaircissements et les renseignements complémentaires que la Commission pourrait être amenée à leur demander* ».

« c) *La Commission étudiera chaque rapport en présence du Représentant accrédité de la Puissance mandataire dont il émane. Ce Représentant participera en toute liberté à la discussion de ce rapport* ».

Ces dispositions comportent deux obligations : en ce qui

concerne la Commission, celle de procéder en commun à l'examen des rapports annuels, en laissant aux représentants toute liberté de participer à la discussion des rapports qui les intéressent ; en ce qui concerne les représentants accrédités, celle de fournir au cours des discussions toute information de détail que la Commission désirerait connaître.

L'obligation imposée aux représentants accrédités est extrêmement significative. Elle n'admet explicitement ou implicitement aucune réserve ; partant, elle autorise la Commission à étendre, s'il y a lieu, ses questions à tous les détails de la gestion des Puissances mandataires. Elle confirme donc, une fois de plus, la conception que le Conseil s'était faite du contrôle qui lui incombe.

Le paragraphe suivant stipule :

« d) *Après la clôture de la discussion, la Commission, hors présence du Représentant de la Puissance mandataire, arrêtera les termes des observations destinées à être transmises au Conseil de la Société* ».

Le membre de phrase « hors présence du Représentant de la Puissance mandataire » fut inséré à la demande du membre italien du Conseil, M. Schanzer (1), qui, apparemment, désira assurer à la Commission la liberté la plus complète de discuter les observations qui, à son avis, devraient faire l'objet de son rapport au Conseil.

Cette insertion pouvait d'autant moins susciter d'objections que les paragraphes *e, f* et *g*, approuvés antérieurement, contenaient toutes les garanties désirables à l'intention des Puissances mandataires : à savoir que les observations de la Commission ne parviendraient pas au Conseil sans que les représentants de ces Puissances n'eussent l'occasion d'en prendre connaissance et d'y ajouter leurs propres commentaires.

En effet, ces paragraphes sont libellés comme suit :

« e) *Les observations rédigées par la Commission sur chaque rapport seront communiquées au Représentant accrédité de la*

---

(1) Voir les procès-verbaux de la séance du Conseil du 1er décembre 1920. .

Puissance mandataire dont émane ce rapport. Ce Représentant pourra y joindre ses propres commentaires » (1).

« f) *La Commission transmettra au Conseil les rapports des Puissances mandataires. Elle joindra à chaque rapport ses propres observations, ainsi que les commentaires du Représentant accrédité de la Puissance de qui le rapport émane, si ce Représentant le désire* ».

« g) *Lorsque le Conseil procédera à la publication des rapports des Puissances mandataires et des observations de la Commission permanente, il devra faire publier aussi les commentaires des Représentants accrédités des Puissances mandataires qui le demanderaient* ».

Ainsi, le rapport final de la Commission devra être communiqué à tous les représentants accrédités afin de les mettre en mesure d'y joindre leurs observations. D'autre part, en procédant à la publication du rapport de la Commission, le Conseil est tenu de publier également les commentaires des représentants, sauf au cas où ceux-ci ne le désireraient pas.

B. — *Participation à l'étude de questions générales.*

Le dernier paragraphe de la réglementation de la procédure vise l'examen en commun de questions générales.

En voici la teneur :

« h) *La Commission, de concert avec tous les Représentants accrédités des Puissances mandataires, tiendra une réunion plénière afin de procéder à une étude d'ensemble de tous les rapports et de toutes les conclusions à en tirer. La Commission pourra également profiter de cette réunion des Représentants des Puissances mandataires pour leur soumettre toutes autres questions relatives aux mandats qui mériteraient, à son avis, d'être soumises par le Conseil aux Puissances mandataires et aux autres Etats, Membres de la Société. Cette réunion plénière aura lieu avant ou après la transmission des rapports annuels, au gré de la Commission* ».

Ces dispositions prévoient en premier lieu l'obligation pour

---

(1) Les dispositions *e* et *g* ont été insérées dans la Constitution au cours de la séance du Conseil du 26 novembre 1920 à la demande du membre britannique, M. Balfour.

la Commission de se réunir en séance plénière avec tous les représentants accrédités afin de procéder à une étude d'ensemble de tous les rapports annuels et des conclusions à en tirer. Cette obligation ne constitue, en quelque sorte, que la conséquence des prescriptions figurant aux paragraphes *b* et *c* qui réclament l'examen de chaque rapport annuel de concert avec le représentant de la Puissance mandataire dont il émane.

En second lieu, elles autorisent la Commission à discuter avec les représentants réunis « toutes autres questions relatives aux mandats » sur lesquelles elle désire attirer l'attention du Conseil.

L'origine de cette autorisation se retrouve dans les discussions qui se déroulèrent au cours de la séance du Conseil du 26 novembre 1920 déjà mentionnée ci-dessus. Désirant assurer à la Commission toute liberté d'action dans l'accomplissement de sa tâche, les représentants de la Grande-Bretagne (M. Balfour) et de la France (M. Léon Bourgeois) ainsi que le Secrétaire général observèrent à cette occasion :

« Dans l'exercice de la mission que lui confère le paragraphe 9 de l'article 22 du Pacte, en dehors du cas de l'examen de l'administration de chacune des Puissances mandataires, la Commission pourra présenter au Conseil des rapports d'ensemble sur l'administration de ces Puissances, ou des rapports spéciaux sur l'une quelconque des questions qu'implique l'application de l'article 22 du Pacte, ou des rapports extraordinaires dans le cas où elle estimerait devoir saisir immédiatement le Conseil de réclamations, d'incidents, etc., relatifs à l'administration des mandats ».

Et le Conseil lui-même, s'associant sans réserve à ces vues, s'exprima comme suit :

« Le sentiment général du Conseil est qu'il convient de laisser à la Commission toute latitude en matière de rapports et, en particulier, de ne pas lui imposer de règlements rigides pour la présentation de rapports d'ensemble : la Commission sera libre de présenter des rapports d'ensemble toutes les fois qu'elle le jugera utile ».

C'est à la lumière de ces considérations qu'il convient

d'interpréter le paragraphe *h* précité, qui en effet énonce le principe qu'il sera loisible à la Commission de présenter au Conseil n'importe quelle question générale se rapportant aux mandats et dont elle tient à saisir la Société des Nations.

§ 4. — Dispositions diverses

La dernière partie de la « Constitution » comprend certaines dispositions qui n'ont aucun rapport avec celles qui précèdent.

Elles sont au nombre de quatre. La dernière, figurant sous le paragraphe *k*, ne porte que sur les indemnités journalières allouées aux membres de la Commission pendant la durée de la session, ainsi que sur le remboursement de leurs frais de déplacement. Ne présentant aucun intérêt d'ordre général, ce paragraphe sera passé sous silence.

Quant aux autres, en voici le texte :

C. — *Règlement intérieur de la Commission.*

Le paragraphe *i* prescrit :

« *La Commission établira son propre règlement sous réserve de l'approbation du Conseil* ».

Ce règlement a été établi par la Commission au cours de sa première session en 1921 (1) et approuvé par le Conseil le 10 janvier 1922.

Depuis, la pratique a révélé l'utilité d'apporter quelques modifications aux articles 1, 5 et 8 du règlement. Elles ont été motivées à la page 19 du troisième rapport de la Commission adressé au Conseil, et approuvées le 12 décembre 1923.

Dans sa forme actuelle, le règlement renferme les prescriptions suivantes :

« ARTICLE PREMIER

La Commission permanente des mandats se réunira en session ordinaire une fois par an au siège de la Société des Nations, dans la règle, dans la seconde moitié de juin.

Elle se réunira en session extraordinaire à la demande de l'un de ses membres, à condition que cette demande, adressée au Secrétaire général

____

(1) Voir les procès-verbaux de cette session, p. 7, 9, 42.

et soumise par lui aux autres membres de la Commission, soit approuvée par la majorité de ces membres et par le Président du Conseil de la Société.

Les Puissances mandataires, ainsi que le Président du Conseil, seront prévenus de la date des sessions au moins un mois à l'avance.

« ARTICLE 2.

La Commission permanente des mandats se compose de neuf membres, conformément au paragraphe *a*) de sa Constitution.

L'Organisation internationale du Travail pourra adjoindre à la Commission permanente un expert de son choix. Cet expert aura le droit d'assister, avec voix consultative, à toutes les séances de la Commission permanente où seront discutées des questions relatives au régime du travail.

« ARTICLE 3.

Le quorum est assuré par la présence à une séance de cinq membres.

Toutes les décisions de la Commission sont prises par les membres présents à la séance, à la majorité des voix. En cas de parité, la voix du président est prépondérante. L'avis motivé d'une minorité composée d'un ou de plusieurs membres de la Commission devra être transmis au Conseil à la demande de la minorité.

« ARTICLE 4.

Au début de chaque session ordinaire, la Commission élira dans son sein, au scrutin secret, un président et un vice-président pour la durée d'un an. La Section des mandats du secrétariat général constituera le secrétariat permanent de la Commission.

« ARTICLE 5.

La Commission devra être saisie, avant le 20 mai au plus tard, des rapports annuels qu'aux termes de l'alinéa 9 de l'article 22 du Pacte elle est chargée de recevoir.

Les Puissances mandataires seront priées d'en adresser cent exemplaires au secrétariat général et, en même temps un exemplaire à chaque membre de la Commission permanente des mandats, dont les noms et adresses seront communiqués, à cet effet, aux gouvernements, de ces Puissances.

« ARTICLE 6.

L'ordre du jour de chaque session est préparé par les soins du secrétariat général, soumis à l'approbation du président de la Commission et communiqué aux membres avec l'avis de convocation.

La Commission, à la majorité des deux tiers des voix des membres présents, pourra décider, au cours d'une réunion, d'ajouter une question à son ordre du jour.

« ARTICLE 7.

Le président convoquera la Commission par l'intermédiaire du secrétariat. Il dirigera le travail des séances, assurera l'observation des dispositions réglementaires et proclamera les résultats du scrutin.

Le secrétariat rédigera les procès-verbaux de chaque séance. Ces procès-verbaux, après approbation de la Commission, seront conservés dans un registre spécial. Des copies en seront communiquées au Conseil et aux Puissances mandataires.

Le secrétariat pourvoira, en général, à tout ce qui est nécessaire pour les réunions de la Commission. Il tiendra le président au courant de toutes les questions qui peuvent être soumises à l'examen de la Commission et fournira en temps utile, à tous les membres de la Commission, les documents nécessaires à l'étude des problèmes à l'ordre du jour.

« Article 8.

Au début de la session ordinaire, la Commission se livrera à l'examen particulier et à la discussion de chacun des rapports annuels présentés par les Puissances mandataires. L'examen et la discussion de chaque rapport auront lieu en présence du représentant accrédité de la Puissance mandataire dont le rapport émane.

Après cet examen, la Commission arrêtera les termes des observations destinées à être transmises au Conseil de la Société. Si la Commission n'est pas unanime, elle pourra présenter ses observations sous forme de rapports de majorité et de minorité. Ces observations seront, dans chaque cas, communiquées au représentant accrédité de la Puissance dont émane le rapport auquel elles ont trait. Ce représentant pourra y joindre ses propres commentaires.

La Commission transmettra au Conseil les rapports des Puissances mandataires. Elle joindra à chaque rapport ses propres observations, ainsi que les commentaires du représentant accrédité de la Puissance de qui le rapport émane, si ce représentant le désire.

Si la majorité des membres de la Commission en exprime le désir, la Commission se réunira en séance plénière, en présence des représentants accrédités, lorsqu'elle aura arrêté les termes de ses observations sur tous les rapports qu'elle aura examinés. La Commission pourra profiter de la présence des représentants accrédités des Puissances mandataires pour leur soumettre toutes questions relatives aux mandats qui mériteraient, à son avis, d'être soumises par le Conseil aux Puissances mandataires et aux autres membres de la Société.

Les séances, ainsi que la séance plénière, seront publiques, s'il en est décidé ainsi par la majorité de la Commission.

« Article 9.

Le français et l'anglais seront les langues officielles de la Commission.

Si un membre de la Commission en exprime le désir, tous les documents écrits émanant de la Commission, ainsi que les rapports annuels des Puissances mandataires et les commentaires de leurs représentants accrédités seront traduits, par les soins du secrétariat, en français, lorsqu'ils auront été présentés en anglais, et vice versa.

Les membres de la Commission pourront s'exprimer en français ou en anglais. A la demande d'un membre de la Commission, les discours en français seront résumés en anglais et vice versa, par un interprète appartenant au secrétariat.

« Article 10.

Sous réserve de l'approbation du Conseil, le présent règlement pourra être modifié si cinq membres au moins de la Commission en décident ainsi ».

D. — *Siège de la Commission.*

Le paragraphe suivant (*j*) comprend deux dispositions distinctes.

La première est ainsi conçue :

« *La Commission siégera à Genève* ».

Cette prescription formelle ne permet aucune dérogation ; elle impose à la Commission de se réunir à Genève, à moins, toutefois, que le Conseil ne l'ait autorisée préalablement à se réunir ailleurs.

E. — *Convocation de conseillers techniques.*

La deuxième disposition du paragraphe *j* stipule :

« *Elle (la Commission) aura la faculté de convoquer des conseillers techniques, à titre consultatif, pour toute question relative à l'application du système des mandats* ».

L'origine de cette disposition se trouve dans le rapport de M. Hymans, du mois d'octobre 1920, qui suggéra l'autorisation suivante (voir p. 58 ci-dessus) :

« Les membres peuvent se faire assister au plus de deux délégués techniques qui n'ont pas droit de vote ».

Tout en retenant le principe de cette suggestion, le Conseil n'accorda pas, cependant, la faculté de convoquer des conseillers techniques aux membres pris individuellement, mais à la Commission.

Jusqu'ici, cette faculté n'a trouvé application que bien rarement, la Commission n'ayant éprouvé le besoin d'avoir recours à des conseillers techniques que dans certains cas spéciaux (1).

____

(1) Voir, à titre d'exemple, les procès-verbaux de sa première session, p. 36 à 39 et 43, et ceux de sa deuxième session, p. 66 et 67.

SECTION II

Observations sur l'organisation et la procédure de la Commission

—

§ 5. — Membres

A. — *Désignation des membres.*

La « Constitution » de la Commission stipule expressément que ses membres, tant qu'ils feront partie de cet organisme, ne devront occuper aucune fonction les plaçant sous la dépendance de leur Gouvernement.

Cette clause exclut la nomination de tout fonctionnaire civil ou militaire d'un Gouvernement, même d'un Gouvernement d'une Puissance non mandataire. De ce fait, toute personne occupant une fonction sur laquelle son Gouvernement ou les organes constitutionnels de celui-ci ont le pouvoir d'exercer une autorité directe est exclue de la nomination.

C'est là que s'arrête l'exclusion. Par conséquent, les fonctionnaires au service d'un organisme public autonome, comme par exemple les fonctionnaires municipaux, ne tombent pas sous le coup de l'exclusion. Il en est de même des membres des Parlements nationaux et de ceux d'autres assemblées représentatives, ainsi que des professeurs d'université.

La pratique, du reste, a confirmé cette dernière déduction : un membre de la Chambre des Communes britanniques (M. Ormsby-Gore) a fait partie de la Commission des mandats et deux professeurs d'université (M. Rappard et M. Palacios) y siègent encore.

***

« Tous les membres de la Commission — dit encore la Constitution — seront nommés par le Conseil et choisis en raison de leur valeur personnelle et de leur compétence ».

S'ensuit-il qu'ils sont subordonnés au Conseil ?

Aucunement. Certes, le Conseil ayant le droit de nomination doit avoir également le droit de révocation. Mais, même si l'on pouvait soutenir que ce droit a une signification autre que purement théorique, il n'en résulterait pas que la Constitution de la Commission entend placer ses membres sous la dépendance directe du Conseil. Cette conséquence ne cadrerait pas d'ailleurs avec le principe établi que ces membres doivent être indépendants de leurs Gouvernements respectifs. Il n'a jamais pu entrer dans l'esprit du Conseil de ressusciter, par un détour, la dépendance expressément exclue des membres individuels, en les faisant dépendre directement d'un collège dont leurs Gouvernements font partie ou peuvent faire partie.

La Commission, comme telle, doit, bien entendu, se conformer aux prescriptions générales du Conseil pour autant que celles-ci n'affectent pas la mission qu'elle tient directement du Pacte. Mais s'il n'en résulte pas, ainsi qu'il a été expliqué plus haut (p. 41), qu'elle soit placée constitutionnellement dans une situation de subordination directe vis-à-vis le Conseil, ses membres ne sont pas, à plus forte raison, des fonctionnaires de ce collège.

B. — *Nomination des membres.*

Le 22 février 1921, le Conseil décida d'inviter à siéger, comme membres de la Commission, les personnalités suivantes :

M. J. B. P. BEAU (France), ancien Gouverneur général de l'Indo-Chine française et ancien Ambassadeur de France à Berne.

Mme A. BUGGE-WICKSELL (Suède), docteur en droit.

M. Cameron FORBES (Etats-Unis), ancien Gouverneur des Philippines.

M. A. Freire D'ANDRADE (Portugal), ancien Gouverneur de Lourenço Marquès, ancien Gouverneur général de Mozambique et ancien Ministre des Affaires étrangères.

M. W. G. A. ORMSBY-GORE (Grande-Bretagne), membre de la Chambre des Communes.

M. Pierre Orts (Belgique), ancien Secrétaire général du Ministère des Affaires étrangères.

Le Marquis A. Theodoli (Italie), ancien Sous-Secrétaire d'Etat au Ministère des Colonies.

M. D. F. W. van Rees (Pays-Bas), ancien Vice-Président du Conseil des Indes orientales néerlandaises.

M. Kunio Yanaghita (Japon), ancien Secrétaire général de la Chambre des Pairs.

Tous acceptèrent cette invitation, sauf M. Cameron Forbes, qui fut remplacé par M. Ramon Pina (Espagne), ancien Sous-Secrétaire d'Etat au Ministère des Affaires étrangères et ancien Ambassadeur d'Espagne à Rome.

Depuis février 1921, plusieurs changements ont eu lieu parmi les membres de la Commission.

M. Ramon Pina et M. Ormsby-Gore ayant été nommés, au cours des années 1922 et 1923, à des postes relevant de leurs Gouvernements respectifs, démissionnèrent conformément au statut de la Commission, et furent remplacés par le Comte de Ballobar (Espagne), ancien Consul à Jérusalem, et Sir Frederick Lugard (Grande-Bretagne), ancien Gouverneur de la Nigéria.

En 1924, le Comte de Ballobar et M. Kunio Yanaghita résignèrent leurs fonctions ; ils furent remplacés par M. Leopoldo Palacios (Espagne), professeur à l'Université de Madrid, et M. Chiyuki Yamanaka (Japon), ancien Conseiller d'ambassade.

Enfin, en 1926, la Commission eut à déplorer la perte de M. Beau, qui décéda au mois de mars et fut remplacé par M. Martial Merlin (France), ancien Gouverneur général de l'Indo-Chine française.

Par suite de ces changements et tenant compte du membre extraordinaire qui fut adjoint à la Commission en 1924 (voir ci-après), celle-ci se compose actuellement des membres suivants, dont les quatre premiers sont ressortissants de Puissances mandataires :

1. M. P. Orts (Belgique).
2. M. M. Merlin (France).
3. Sir Frederick Lugard (Grande-Bretagne).

4. M. Chiyuki Yamanaka (Japon).
5. M. L. Palacios (Espagne).
6. Le Marquis A. Theodoli (Italie).
7. M. D. F. W. van Rees (Pays-Bas).
8. M. A. Freire d'Andrade (Portugal).
9. Mme A. Bugge-Wicksell (Suède).
10. M. William E. Rappard (Suisse).

A titre d'expert en matière de travail, la Commission est assistée par M. Harold A. Grimshaw, Chef de section à la Division diplomatique du Bureau international du Travail.

****

Donnant suite à une demande d'avis du Conseil relative à l'adjonction à la Commission d'un nouveau membre de nationalité allemande, celle-ci exprima ses vues à ce sujet à la page 2 de son onzième rapport, en date du 6 juillet 1927, dans les termes suivants :

« La Commission permanente des mandats a examiné avec attention la question, qui lui a été renvoyée par le Conseil, de l'augmentation de ses membres en vue de la nomination d'un membre allemand.

« La Commission s'est tout d'abord trouvée d'accord pour remarquer que le Conseil, en s'adressant à elle, a bien souligné que l'approbation par l'Assemblée, de la somme destinée éventuellement à pourvoir aux dépenses à encourir par la présence d'un membre allemand au sein de la Commission avait un aspect politique ; que, partant, le Conseil, en s'adressant à un corps dont le caractère est fondamentalement technique, n'attendait de lui que de savoir si, à sa proposition, existaient des objections d'un même ordre.

« La majorité des membres de la Commission a été d'accord pour estimer qu'il n'y a aucune objection d'ordre technique à la nomination d'un nouveau membre.

« La minorité est toute prête à accueillir telle décision qu'estimera devoir prendre le Conseil, mais elle a cru devoir s'abstenir en raison du caractère politique de la question ».

Une décision définitive en cette matière n'a pas encore été prise.

C. — *Membres extraordinaires.*

La « Constitution » de la Commission ne prévoit pas de membres extraordinaires.

Toutefois, au cours de l'année 1924, la Commission fut informée que, par suite de sa nomination au poste de vice-recteur de l'Université de Genève, M. William E. Rappard, directeur de la Section des mandats, se verrait obligé de quitter le secrétariat. Regrettant sincèrement de se voir privée des bons offices de cet excellent collaborateur et estimant que la continuation de sa présence aux réunions de la Commission serait de la plus haute utilité, elle s'adressa au Conseil, en date du 6 novembre 1924, par la voix de son président en exercice, en demandant que M. Rappard fût adjoint à la Commission à titre de membre (1).

« La Commission — est-il dit dans cette communication — ne perd pas de vue que le nombre de ses membres est, de par son statut, limité à neuf, et elle estime qu'il serait inopportun d'augmenter ce chiffre d'une façon permanente. Elle désire donc, à l'unanimité et en y insistant très vivement, recommander au Conseil que M. Rappard soit nommé en qualité de « membre supplémentaire », avec la faculté de prendre la parole et de voter, et qu'il exerce, à tous égards, les prérogatives de membre de la Commission. Si une vacance se produisait dans la Commission, M. Rappard pourrait alors, semble-t-il, devenir membre ordinaire de celle-ci ; d'autre part, s'il démissionnait ultérieurement, son remplacement ne serait pas nécessaire ».

Tenant compte de ce vœu, le Conseil, dans sa séance du 11 décembre 1924 tenue à Rome, décida : « de nommer M. Rappard membre extraordinaire de la Commission permanente des mandats, étant entendu que cette nomination est motivée par la compétence particulière de M. Rappard et qu'elle ne devra pas constituer un précédent ».

---

(1) Voir P. V., IV, p. 158 et 159 ; P. V., V, p. 149.

Par suite de cette nomination, la Commission se compose actuellement, et en fait, de dix membres, quoique le nombre réglementaire de neuf n'ait pas été modifié.

D. — *Membres suppléants.*

La « Constitution » de la Commission n'a pas prévu non plus la nomination de membres suppléants.

Cependant, un cas de désignation d'un membre de ce genre s'est produit au mois de février 1926.

M. Beau, membre français de la Commission, communiqua au Conseil que l'état de sa santé l'empêcherait de participer aux travaux de la huitième session de la Commission qui se tiendrait à Rome afin de procéder à l'examen de la situation en Syrie et au Liban. Il proposa de faire occuper son siège durant cette réunion importante par M. E. Roume, ancien Gouverneur général de l'Indo-Chine. Le président en exercice du Conseil, M. Vittorio Scialoja, crut devoir déférer au désir de M. Beau dans un cas aussi exceptionnel et autorisa M. Roume à suppléer M. Beau (1).

M. Beau, qui décéda peu après, fut remplacé définitivement à la Commission par M. Martial Merlin.

§ 6. — Lieu de réunion

Où la Commission doit-elle se réunir ?

Le paragraphe *j* de sa « Constitution » répond sans réserve : à Genève (voir ci-dessus p. 71).

Néanmoins, cette question donna lieu, au cours de la quatrième session de la Commission, à un échange de vues qui aboutit à la décision, prise par 5 voix contre 2 et 1 abstention, de tenir la cinquième session en automne 1924 à Londres.

Le raisonnement qui conduisit à cette décision peut être résumé comme suit (2) :

N'ayant pu terminer le travail réglementaire et obligatoire

---

(1) Voir P. V., VIII, p. 171.
(2) Voir P. V., IV, p. 157 et 158.

dont le Pacte l'a chargée au cours de sa session d'été, la Commission se voit contrainte de se réunir une seconde fois dans la même année. Or, l'article 1 de son règlement intérieur (voir ci-dessus p. 68) ne prévoit qu'une seule session, dite ordinaire, par an ; il ne prescrit de réunion à Genève qu'en ce qui concerne cette session. Il en résulte donc que la session d'automne devra être considérée comme une session extraordinaire et que, par conséquent, il appartient à la Commission de décider du lieu où elle devra être tenue.

A cette argumentation il paraît permis d'opposer, tout en passant sous silence la question de savoir si une seconde session dans la même année consacrée à l'examen des rapports annuels doit être considérée comme une session extraordinaire (1), que la « Constitution » ayant fixé Genève comme siège de la Commission, celle-ci ne saurait inférer de son Règlement intérieur, qui ne constitue qu'une annexe à sa Constitution, le droit de se réunir ailleurs.

De ce point de vue, toute session, ordinaire ou non, devra être tenue à Genève, à moins que le Conseil n'ait autorisé préalablement la Commission à déroger à la prescription générale.

Notons encore que la cinquième session que la Commission avait décidé de tenir à Londres fut en fait tenue à Genève. D'autre part, lorsque la Commission exprima le désir de se réunir à Rome, pour sa huitième session, ce fut le Conseil qui, dans sa séance du 9 décembre 1925, après avoir été saisi de ce désir, y accéda sous la réserve que cette approbation « ne saurait être considérée comme constituant un précédent ».

Ainsi furent rappelées les raisons qui militent en faveur du maintien de Genève comme lieu de réunion des différentes commissions à la Société des Nations, à savoir :

que le Conseil et l'Assemblée ont recommandé avec insistance que les organes consultatifs de la Société se réunissent à Genève où les sessions seront nécessairement plus courtes et, par conséquent, moins coûteuses ;

---

(1) Cette question sera traitée sous le paragraphe suivant.

et que, au point de vue de la publicité, il serait fâcheux que les Commissions se réunissent ailleurs, attendu que les agences d'informations et les journaux ont des représentants à Genève, qui suivent les travaux de la Société et ne manqueraient pas de se plaindre si les Commissions se réunissaient trop souvent hors de cette ville.

§ 7. — Sessions

E. — Sessions ordinaires et sessions extraordinaires.

L'article premier du Règlement intérieur fait allusion à deux genres de sessions : ordinaires et extraordinaires.

Quel est le critère qui distingue ces sessions ?

C'est le Règlement lui-même qui donne la réponse à cette question.

En effet, le premier alinéa de son article 8 prescrit :

« Au début de la session ordinaire (celle prévue à l'article 1), la Commission se livrera à l'examen particulier et à la discussion de chacun des rapports annuels présentés par les Puissances mandataires ».

En d'autres termes, la session ordinaire devra être consacrée à l'examen des rapports annuels.

Quant aux sessions extraordinaires, l'alinéa 2 de l'article 1 stipule :

« Elle (la Commission) se réunira en session extraordinaire à la demande de l'un de ses membres, à condition que cette demande, adressée au Secrétaire général et soumise par lui aux autres membres de la Commission, soit approuvée par la majorité de ces membres et par le président du Conseil de la Société ».

Cette disposition paraît démontrer clairement qu'une session extraordinaire, n'ayant rien d'obligatoire, devra avoir un autre objet que la session ordinaire ; il faut, pour qu'elle puisse avoir lieu, l'initiative d'un des membres de la Commission, l'approbation de la majorité de ses collègues et le consentement du président du Conseil.

Néanmoins, la majorité de la Commission a émis l'avis,

àu cours de sa quatrième session, que si elle doit se réunir une seconde fois dans l'année pour procéder à l'examen des rapports annuels, cette seconde réunion constituera une session extraordinaire, étant donné que le Règlement ne prévoit qu'une session ordinaire par an (1).

Le membre britannique (Sir Frederick Lugard), ne se rallia pas à cette opinion. Il fit remarquer qu'une deuxième session nécessitée par l'examen des rapports annuels dans la même année devrait être considérée comme un « ajournement » de la première. Le membre belge (M. Orts), s'associant à cette manière de voir, estima, ainsi que son collègue hollandais (M. van Rees), « qu'une session extraordinaire n'est pas obligatoire, et qu'il faut des circonstances extraordinaires et imprévues pour en justifier la convocation ». « Une réunion — ajouta-t-il à juste titre — qui a pour objet de poursuivre l'examen des rapports annuels n'est que la suite de la session ordinaire ».

Cependant, la session d'automne de 1924 (cinquième session), ainsi que celle tenue à Rome en février-mars 1926 (huitième session), furent considérées comme « extraordinaires ». Elles ne furent cependant consacrées qu'à l'examen annuel de certains rapports des Puissances mandataires. Par contre, les sessions tenues en automne des années 1925 et 1926 (septième et dixième), consacrées au même travail, n'ont pas été dénommées extraordinaires.

F. — *Date de la première session annuelle.*

Dans sa forme primitive, le premier alinéa de l'article premier du Règlement imposait à la Commission de se réunir « le premier mardi du mois d'août ».

Cette date a, depuis, été modifiée pour les raisons suivantes exposées à la fin du troisième rapport de la Commission :

« Il a paru à tous les membres de la Commission que la date du 1er août prévue était à tous égards malheureuse et, en fait, cette année déjà, la Commission a cru devoir se réunir le 20 juillet. Le peu de temps qui sépare cette date de la réunion

---

(1) Voir P. V., IV, p. 157 et 158 ; P. V., V, p. 30.

de l'Assemblée et de celle du Conseil qui la précède immédiatement est peu favorable à un examen approfondi des rapports et, partant, au contrôle de l'administration des territoires sous mandat qui incombe à la Commission et au Conseil, et auquel les assemblées passées ont tenu à ne pas rester étrangères.

« D'autre part, la Commission ne se dissimule pas les difficultés qu'entraînerait, pour les Puissances mandataires, la fixation d'une date trop rapprochée de la fin des périodes administratives sur lesquelles portent leurs rapports annuels. En proposant de remplacer dans la disposition ci-dessus les termes « le premier mardi du mois d'août » par « dans la seconde moitié de juin », la Commission croit concilier, dans la mesure du possible, les convenances des Puissances mandataires et les exigences du contrôle de la Société des Nations ».

Cette proposition fut approuvée par le Conseil le 12 décembre 1923 (voir ci-dessus p. 68).

Par suite de cette avance de la date de la session annuelle, le premier alinéa de l'article 5 du Règlement prescrivant de saisir la Commission des rapports des Puissances mandataires « à la fin du mois de juin au plus tard », devait nécessairement être revisé.

« Il est nécessaire — dit le rapport susmentionné à ce sujet — que les membres de la Commission soient saisis des rapports sur lesquels porte leur examen un mois au moins avant la date de la session ordinaire. Il est proposé, par conséquent, de remplacer les mots « à la fin du mois de juin au plus tard » par les suivants « avant le 20 mai au plus tard ».

Cependant, cette date n'a pas pu être maintenue intégralement. En effet, elle apparut inapplicable à certains rapports, dont quelques-uns couvrent une période annuelle qui ne coïncide pas avec l'année civile et dont d'autres doivent être expédiés de pays très éloignés.

Ces considérations amenèrent le Conseil à donner suite aux recommandations faites par la Commission à cet égard et à fixer les dates de réception des rapports annuels concernant certains territoires comme suit :

le 1er septembre pour les rapports sur l'Irak, le Togo et le Cameroun britannique, le Samoa occidental et les Iles sous mandat japonais ;

le 20 mai (de l'année suivante)pour le rapport sur la Nouvelle-Guinée (1).

§ 8. — Séances

G. — *Séances ordinaires.*

Les trois premiers alinéas de l'article 8 du Règlement intérieur reproduisent, avec quelques légères modifications de forme, les dispositions figurant aux paragraphes *c* à *j* de la Constitution de la Commission (voir ci-dessus p. 70).

Aux termes du Règlement, la Commission devra se livrer, « au début de la session ordinaire », à l'examen et à la discussion de chacun des rapports annuels, en présence du représentant accrédité de la Puissance mandataire dont émane le rapport.

Après cet examen, les termes des observations destinées à être transmises au Conseil seront arrêtés par la Commission (2) qui les communiquera au représentant intéressé, afin que celui-ci puisse y joindre ses propres commentaires.

C'est là le fond de la coopération prescrite par le Conseil entre les Puissances mandataires et la Commission, coopération dont cette dernière n'a eu qu'à se féliciter. Cette collaboration s'est constamment révélée très utile et très précieuse ; elle offre en effet le moyen d'envisager et de discuter non seulement les questions suscitées par les rapports annuels, mais encore toutes questions générales se rattachant au régime des mandats.

Dans la suite, les avantages de cette collaboration se présentèrent sous deux aspects : d'une part, elle apporta à la Commission une aide inappréciable pour l'accomplissement

---

(1) Voir le 7e et le 10e des rapports de la Commission adressés au Conseil, et les procès-verbaux des séances de celui-ci du 9 décembre 1925 et du 7 mars 1927.

(2) La « Constitution » prescrit : « hors présence du représentant » intéressé.

de sa tâche régulière et obligatoire ; d'autre part, elle permit à la Commission de prêter son concours aux Puissances mandataires pour l'examen de divers problèmes résultant du système des mandats. Plusieurs de ces problèmes, grâce à l'initiative prise par la Commission et à l'appui des Gouvernements mandataires, ont trouvé, au cours des années écoulées, des solutions heureuses et favorables, dans une large mesure, aux intérêts des populations sous mandat.

Aussi est-il tout naturel que la Commission se soit attachée à mettre tout en œuvre afin que cette collaboration puisse avoir lieu et se développer le plus fructueusement possible.

Quelques-unes des mesures prises à cet effet demandent une mention spéciale.

En premier lieu, il convient de s'arrêter à la recommandation que la Commission présenta au Conseil dans son rapport sur les travaux de sa quatrième session, et qui démontra bien son désir manifeste de bénéficier d'une collaboration étroite et efficace.

« La Commission — y est-il dit — tient à exprimer sa reconnaissance aux représentants des Puissances mandataires pour la collaboration qu'ils ont bien voulu apporter à ses travaux. Elle tient, à ce propos, à signaler au Conseil et, par son intermédiaire, aux Puissances mandataires les services particulièrement utiles qu'a pu lui rendre le représentant de l'Union sud-africaine en sa qualité d'administrateur du Sud-Ouest africain. La présence à ses débats de ceux à qui incombe personnellement la charge de l'administration des territoires sous mandat lui paraît présenter des avantages incomparables. Grâce aux renseignements précis qu'a pu lui fournir M. Hofmeyer, en puisant dans sa connaissance approfondie des problèmes de l'administration et dans son expérience personnelle, la Commission a pu se faire une idée beaucoup plus précise de la situation du Sud-Ouest africain que celle qui s'est dégagée pour elle de la lecture des précédents rapports. De plus, elle a pu établir avec l'administration du Sud-Ouest africain des relations personnelles essentiellement favorables à la collaboration effective qu'elle souhaite de voir s'établir toujours davantage entre les Gouvernements des Puissances mandataires et elle-même. La Commission a conscience d'avoir été ainsi mise en mesure de s'acquitter plus utilement de la tâche qui lui incombe aux termes mêmes du Pacte. Elle a l'honneur d'exprimer l'espoir qu'il lui sera, à l'avenir, de temps à autre, possible de profiter de la présence à ses débats des administrateurs responsables de la gestion de tous les mandats. Elle ne se dissimule pas les difficultés d'ordre géographique qui s'opposent à la prompte réalisation de ce vœu. Toutefois, en remerciant le Gouvernement de l'Union sud-africain et son éminent représentant, l'administrateur du Sud-Ouest africain, des efforts qu'ils ont bien voulu faire pour la renseigner complètement sur l'exercice de ce mandat, la Commission croit devoir exprimer, à l'intention du Conseil et des autres Puissances mandataires, le vœu que l'exemple donné cette année puisse peu à peu être suivi par les autres Gouvernements avec lesquels ses fonctions la mettent en rapport ».

Cette recommandation fut accueillie favorablement par le Conseil qui décida, dans sa séance du 29 août 1924 :

« D'attirer spécialement l'attention des autres Puissances mandataires sur les considérations que la mission de M. Hofmeyer auprès de la Commission des mandats lui a suggérées et l'espoir qu'il leur sera possible, dans les années à venir, de charger les fonctionnaires personnellement responsables de l'administration des territoires sous mandat de les représenter auprès de la Commission des mandats ».

La suite donnée à cette invitation se manifesta par le fait que des huit rapports soumis à l'étude de la Commission au cours de sa cinquième session, cinq purent être examinés en présence de fonctionnaires de la Puissance mandataire qui prenaient à cette époque ou qui avaient pris dans le passé une part effective à l'administration de territoires sous mandat.

« La Commission a eu l'occasion — ainsi s'exprima-t-elle dans son cinquième rapport au Conseil — au cours de ses conférences avec toutes ces différentes personnalités, de se persuader à nouveau du très grand avantage qui résulte pour l'examen approfondi des rapports des Puissances mandataires, de la présence auprès d'elle d'administrateurs qui allient à leur expérience générale une connaissance fondée sur une expérience immédiate des conditions décrites dans ces rapports.

« Tout en se rendant parfaitement compte des difficultés insurmontables qui s'opposent à ce que toutes les Puissances mandataires délèguent chaque année auprès d'elle des hauts fonctionnaires coloniaux en activité, elle n'hésite pas à réitérer l'expression du vœu qu'elle a eu l'honneur de formuler à ce sujet dans son dernier rapport ».

Se rangeant à ce vœu qui leur fut transmis par décision du Conseil du 10 décembre 1924, les Puissances mandataires continuèrent à assurer à la Commission, tant que cela leur parut pratiquement possible, l'appui de personnalités parfaitement au courant des conditions locales dans les différents territoires sous mandat.

La Commission, heureuse de cette collaboration de plus en plus intéressante et fructueuse, ne manqua pas d'en exprimer sa profonde reconnaissance à diverses reprises.

Son septième rapport au Conseil dit à ce sujet :

« La Commission a vivement apprécié le fait que, grâce aux arrangements pris par plusieurs des Gouvernements des Puissances mandataires, elle a pu procéder à l'examen des rapports annuels de ces Gouvernements en présence de représentants qui, soit prennent une part active à l'administration des territoires sous mandat, soit connaissent personnellement ces territoires.

« L'expérience acquise à cette occasion confirme à nouveau l'opinion de la Commission au sujet des résultats très précieux que l'on peut attendre du contact personnel ainsi établi entre la Commission et les fonctionnaires de l'administration de la Puissance mandataire ».

Et dans son neuvième rapport, elle releva encore :

« La Commission tient à signaler au Conseil les efforts que les Puissances mandataires ont faits pour donner suite à la recommandation de la Commission, approuvée par le Conseil et l'Assemblée, de désigner, aussi souvent que les circonstances le permettraient, comme délégués auprès de la Commission, des fonctionnaires qui prennent une part directe à l'administration des territoires sous mandat. C'est ainsi qu'à cette session, cinq rapports sur huit ont été examinés en présence de hauts fonctionnaires que leur expérience personnelle a mis à même de fournir à la Commission des renseignements détaillés et précis sur la situation du territoire ».

Ces considérations et la suite qui y fut donnée conduisent à une double déduction. D'une part, elles font ressortir clairement le prix qui a été attaché à une information complète offrant le moyen d'entrer dans les détails de l'administration ; et, d'autre part, il en résulte que les Puissances mandataires elles-mêmes ont reconnu implicitement que ces détails ne devaient pas être soustraits à l'examen de la Commission.

Cependant, ce ne fut pas là la seule méthode mise en pratique afin d'intensifier la collaboration avec les délégués de ces Puissances. Dans un autre ordre d'idées, la Commission s'efforça, en outre, d'assurer, pour autant qu'il dépendit d'elle, la sérénité des débats en écartant ce qui pourrait influencer défavorablement l'atmosphère indispensable de coopération confiante et sincère.

A cette fin, elle adopta en premier lieu une ligne de conduite précise en ce qui concerne l'admission à ses séances de fonctionnaires ou d'autres personnalités officielles étrangers à l'objet en cours de discussion en arrêtant, au début de sa deuxième session, la règle de procédure suivante (1) :

« La Commission admet comme principe général la règle, suivant laquelle seuls les représentants des Puissances mandataires intéressées doivent être présents quand leur mandat vient à être discuté par la Commission. Toutefois, celle-ci se réserve éventuellement le droit de discuter la question de l'admission de représentants d'autres Puissances mandataires, étant entendu que ces représentants ne peuvent être admis qu'avec l'assentiment de la Puissance mandataire dont on discute le rapport » (2).

Le même désir qu'exprime cette règle amena la Commission à décider que « les séances ordinaires seraient généralement

---

(1) Voir P. V., II, p. 11.
(2) Voir, à titre d'exemple, P. V., IX, p. 32.

privées » (1), décision qui ne pouvait manquer de l'exposer à
la réprobation du public et de la presse en particulier, mais
qu'elle maintint néanmoins dans l'intérêt impérieux de sa
tâche délicate.

« Si les séances ordinaires devaient devenir publiques —
remarqua, non sans raison, le membre belge de la Commission
(M. Orts) au cours de la troisième session (2) — ce serait la
paralysie certaine. L'accomplissement de la tâche de la Commission requiert beaucoup de tact ; elle doit éviter d'éveiller
les susceptibilités légitimes des Puissances mandataires dont
elle contrôle l'administration. Sans qu'il soit nécessaire de
citer des exemples, chacun admettra que certains débats
qui se sont produits dans l'intimité des séances privées
auraient eu un retentissement considérable et provoqué peut-
être des ripostes publiques immédiates, si la presse avait eu
l'occasion d'en recueillir l'écho.

« D'autre part, si indépendants que soient personnellement
les membres de la Commission et si grand que soit leur souci
d'impartialité, ils éprouveraient une répugnance bien naturelle
à condamner publiquement les actes de leur administration
nationale, alors que, le cas échéant, ils n'hésiteraient point à le
faire en séance privée.

« Jusqu'à présent, chacun, dans la Commission, a toujours
exprimé son opinion sans réticence et en toute franchise. Si
les débats devenaient publics, ce serait au détriment des fins
mêmes que poursuit la Commission ».

Et tout aussi judicieusement, le membre français (M. Beau)
y ajouta :

« Une publicité systématique risquerait de diminuer la
sincérité des débats, tant dans les questions posées que dans
les réponses faites. Si l'on parle devant un public où ne règne
pas l'atmosphère amicale habituelle de cette Commission, le
public peut prendre à la lettre certaines expressions qui
dépassent parfois la pensée des orateurs. Entre collègues,
cela n'a pas d'importance et les mises au point nécessaires

____

(1) Voir P. V., I, p. 7.
(2) Voir P. V., III, p. 50.

peuvent être faites dans les procès-verbaux, mais la présence du public risquerait fréquemment de déformer le sens des débats de la Commission dont celle-ci s'efforce de traduire le . caractère exact dans ses comptes rendus ».

Depuis, la question de la publicité des séances consacrées à la discussion en commun des rapports annuels a plusieurs fois été prise en considération sans que la Commission ait pu arriver à modifier sa ligne de conduite qui, d'ailleurs, s'était révélée entièrement satisfaisante (1).

H. — *Séances plénières.*

S'inspirant de la procédure établie au paragraphe *h* de sa Constitution (voir ci-dessus p. 66), la Commission inséra à la fin de l'article 8 de son règlement intérieur une disposition analogue conçue en ces termes :

« La Commission se réunira en séance plénière en présence de tous les représentants accrédités des Puissances mandataires, lorsqu'elle aura arrêté les termes de ses observations sur tous les rapports qu'elle aura examinés. Cette séance sera publique. Si la majorité de ses membres le désire, la Commission pourra profiter de la présence des représentants accrédités des Puissances mandataires pour leur soumettre toutes questions relatives aux mandats qui mériteraient, à son avis, d'être soumises par le Conseil aux Puissances mandataires et aux autres membres de la Société ».

Dès le début, cette procédure se révéla peu satisfaisante.

Son application intégrale se heurtait à un inconvénient pratique : les représentants accrédités, occupant tous de hautes et absorbantes fonctions dans leurs pays, ne pouvaient prolonger leur séjour à Genève jusqu'à ce que la Commission terminât l'examen de tous les rapports annuels. La séance plénière prévue ne pouvait donc être tenue en présence de tous les représentants accrédités.

En outre, les questions particulières touchant aux mandats

---

(1) Il va de soi que cette ligne de conduite imposa la plus grande discrétion dans les communiqués de presse fournis durant les sessions, ce qui contribua aussi à assurer le libre échange de vues aux séances.

ayant été discutées avec chaque représentant au fur et à mesure qu'elles se présentaient au cours des séances ordinaires, la difficulté se fit sentir d'établir un ordre du jour pour la séance plénière qui intéressât à la fois les représentants des Puissances mandataires et le public.

Aussi, lors de la première séance plénière, tenue le 7 août 1922 (1), à laquelle ne purent assister que les représentants de l'Australie, de la Nouvelle-Zélande et du Japon, les discussions ne portèrent que sur l'administration d'un seul des territoires sous mandat, à savoir l'Ile de Nauru, alors qu'au cours de sa deuxième et dernière séance plénière, tenue le 8 août 1923 (2), où ne furent présents que les représentants de la France, de l'Afrique du Sud et du Japon, la Commission se vit obligée de se borner à exposer ses vues sur un certain nombre de questions générales qui ne provoquèrent aucune discussion pouvant intéresser les parties présentes.

Cet état de choses ne pouvait manquer de préoccuper la Commission.

M. Rappard, directeur de la Section des mandats, qui assistait en cette qualité à toutes les séances, développa au cours de la troisième session les inconvénients et les avantages de la séance plénière (3). « Le grand avantage de la publicité — remarqua-t-il — c'est d'intéresser le public aux travaux de la Société des Nations, en particulier à la question des mandats, et de créer une atmosphère politique favorable.

« L'inconvénient de la publicité, c'est que les représentants des Puissances mandataires se sont trouvés, pour ainsi dire, sur la sellette, ce qui leur a été désagréable (4).

« La publicité des débats soulève, de plus, une objection juridique. En émettant des avis en public, la Commission consultative a l'air d'adresser des avis, non pas au Conseil auquel ils sont destinés en première ligne, mais au public en

---

(1) Voir P. V., II, p. 54 à 59.
(2) Voir P. V., III, p. 192 à 200.
(3) Voir P. V., III, p. 48.
(4) Voir le compte rendu de la séance du 20 septembre 1922 de la troisième Assemblée, notamment le discours prononcé par le délégué de la Nouvelle-Zélande, Sir James Allen.

général. On pourrait éviter l'inconvénient signalé et écarter l'objection juridique en donnant à la séance plénière le caractère d'une étude sereine et non polémique, qui mettrait en relief les services que la Commission des mandats peut rendre aux Puissances mandataires et l'utilité, pour ces dernières, des informations présentées à la Commission des mandats par les représentants des autres Puissances mandataires » (1).

En se référant à un mémoire communiqué à ses collègues en date du 1er novembre 1922 et tendant à supprimer la publicité de la séance plénière, le membre hollandais (M. van Rees) ajouta aux observations précitées (2) :

« La procédure contestée n'a pas été imposée à la Commission. C'est la Commission elle-même qui a introduit cette prescription dans son règlement intérieur, mais les procès-verbaux de sa première session n'expliquent pas suffisamment les motifs de sa décision.

« Il n'est ni dans l'intérêt de la Commission ni dans celui des Puissances mandataires que les conclusions et les propositions d'une Commission technique adressées au Conseil fassent l'objet d'une discussion en public, avant même que le Conseil en ait pu prendre connaissance. La séance publique du 7 août 1922 ne semble avoir donné satisfaction ni aux représentants des Puissances mandataires, ni à la Commission, ni même au public présent. Les trois représentants qui assistaient à cette séance faisaient figure, sinon d'accusés, du moins de défendeurs. Une telle situation paraît inacceptable ».

Les considérations qui précèdent amenèrent la Commission à juger que la nécessité, établie par le texte en vigueur, d'une séance plénière et publique n'avait pas été démontrée. Elle proposa donc, à la fin de son troisième rapport au Conseil, de donner à ce texte un caractère facultatif par l'approbation des dispositions suivantes :

---

(1) En principe, cette suggestion constitue, sans aucun doute, une amélioration notable. Cependant, sa première application à la séance plénière du 8 août 1923 mentionnée plus haut ne paraît pas avoir eu le résultat que l'on pouvait en attendre. Et un deuxième essai pratiqué au cours de la séance ordinaire publique du 24 octobre 1925 (voir P. V., VII, p. 87 à 92) ne semble pas avoir été plus encourageant.

(2) Voir P. V., III, p. 49.

« Si la majorité des membres de la Commission en exprimait le désir, la Commission se réunira en séance plénière, en présence des représentants accrédités, lorsqu'elle aura arrêté les termes de ses observations sur tous les rapports qu'elle aura examinés. La Commission pourra profiter de la présence des représentants accrédités des Puissances mandataires pour leur soumettre toutes questions relatives aux mandats qui mériteraient, à son avis, d'être soumises par le Conseil aux Puissances mandataires et aux autres membres de la Société.

« Les séances, ainsi que la séance plénière, seront publiques, s'il en est décidé ainsi par la majorité de la Commission ».

Comme il ressort de la page 68 ci-dessus, ces amendements ont été approuvés par le Conseil dans sa séance du 12 décembre 1923. Il en résulte qu'il appartient à la Commission de décider, le cas échéant (1) :

a) si quelque séance ordinaire ou extraordinaire sera publique ;

b) si une séance plénière sera tenue et, dans l'affirmative, si elle sera publique ou non.

§ 9. — Règles diverses

I. — *Bureau et secrétariat.*

Aux termes de l'article 4 du Règlement intérieur, le bureau sera reconstitué chaque année.

« Au début — dit l'article — de chaque session ordinaire, la Commission élira dans son sein, au scrutin secret un président et un vice-président pour la durée d'un an ».

Il va de soi que, depuis que la Commission s'est vue obligée de se réunir plus d'une fois par an en session ordinaire, la constitution de son bureau devra avoir lieu au début de sa première session annuelle.

---

(1) Les séances d'ouverture des sessions ont toujours été publiques. A part celles-là et les deux séances plénières mentionnées plus haut, la Commission n'a tenu, jusqu'à présent, que très peu de séances publiques. Pour des raisons spéciales, le public fut admis aux séances du 24 octobre 1925 et du 17 juin 1926 (voir les P. V., VII, p. 87 et XI, p. 109).

Ont été réélus chaque année jusqu'à ce jour : comme président, le membre italien, le Marquis Theodoli, et comme vice-président, le membre hollandais, M. van Rees.

« La section des mandats du secrétariat général — prescrit encore le même article 4 — constituera le secrétariat permanent de la Commission ».

Les attributions du secrétariat sont définies aux articles 6 et 7 qui n'appellent pas de commentaires.

J. — *Quorum.*

« Le quorum est assuré par la présence à une séance de cinq membres » (article 3 du Règlement).

Cette disposition se rattache au nombre de neuf membres dont fut composée la Commission.

Cependant, ce nombre a été augmenté par l'adjonction à la Commission d'un dixième membre qui, quoiqu'il ait été désigné comme membre « extraordinaire », y siège au même titre que ses collègues.

Dès lors, il paraît que le quorum ne saurait être assuré que par la présence à une séance de six membres.

En outre, la question s'est posée de savoir s'il ne serait pas désirable d'ajouter à la disposition précitée la réserve suivante :

« A condition que la majorité des membres présents se compose de nationaux de pays non mandataires ».

En effet, comme on l'a vu (voir ci-dessus p. 61), le paragraphe *a* de la constitution de la Commission décrète formellement que la majorité se composera de nationaux de pays non mandataires. Peut-on considérer que le principe qui inspira cette décision du Conseil soit suffisamment respecté si l'on admet que le quorum est assuré par la présence de cinq membres dont la majorité pourrait se composer de nationaux de pays investis d'un mandat ?

Cette question fut soulevée lors de l'élaboration du Règlement intérieur au cours de la première session de la Commission, mais pour des raisons d'opportunité, il n'y fut pas donné suite (1).

---

(1) Voir P. V., I, p. 8.

K. — *Décisions de la Commission.*

« Toutes les décisions (1) de la Commission — stipule le deuxième alinéa de l'article 3 du Règlement — sont prises par les membres présents à la séance, à la majorité des voix. En cas de parité, la voix du président est prépondérante ».

Il ressort de cette disposition que la Commission ne travaille qu'en séance, en d'autres termes qu'il lui est interdit de prendre des décisions hors de séance.

Toutefois, un cas s'est produit pour lequel elle a dû recourir à un échange de vues par écrit, pour raison d'urgence : il s'agissait d'un avis qui avait été demandé à la Commission au sujet de la procédure à suivre en matière de pétitions concernant les territoires sous mandat.

C'est le seul écart à la règle qu'elle ait dû se permettre (2).

L. — *Avis de minorités.*

« L'avis motivé — dit encore l'article 3 du Règlement — d'une minorité composée d'un ou de plusieurs membres de la Commission devra être transmis au Conseil à la demande de la minorité ».

Le deuxième alinéa de l'article 8 répète :

« Si la Commission n'est pas unanime, elle pourra présenter ses observations sous forme de rapports de majorité et de minorité ».

L'expérience a démontré jusqu'ici qu'en général, les membres arrivent finalement à se mettre d'accord sur les questions soulevées au cours des séances ou que, tout au moins, ils n'ont pas estimé indispensable de présenter un rapport de minorité dans les cas où un accord complet ne put intervenir.

On ne peut noter qu'un seul exemple contraire : à savoir le cas où le président de la Commission, ne pouvant s'associer au rapport de la majorité sur l'insurrection des Bondelzwarts dans le territoire sous mandat du Sud-Ouest africain, adressé

---

(1) Le terme « décisions » devra être pris dans le sens de décisions portant soit sur des questions d'ordre purement intérieur, soit sur les observations et recommandations à retenir et à présenter au Conseil.

(2) Voir P. V., III, p. 9.

au Conseil en date du 14 août 1923, demanda de joindre en annexe à ce rapport une déclaration personnelle exprimant ses vues divergentes.

SECTION III

La tâche particulière de la Commission en matière de pétitions

—

§ 10. — Réglementation de la procédure

Le droit de pétition des habitants de territoires sous mandat n'est prévu, ni par l'article 22 du Pacte, ni par les textes des mandats qui en sont l'interprétation.

Aussi, la Commission se trouva-t-elle embarrassée lorsqu'au cours de sa première session, elle fut saisie d'une intervention écrite sur l'application des mandats.

« La Commission — remarqua le directeur de la Section des mandats à cette occasion (1) — ne peut pas négliger entièrement une source d'informations qui peut lui être utile ; d'autre part, elle ne doit pas encourager la calomnie et elle ne doit pas non plus oublier qu'elle ne dispose d'aucun pouvoir d'enquête sur les faits qui lui seraient signalés ».

En outre, la question de compétence se posa. « Les attributions de la Commission — dit M. Rappard — ont été bien définies ; elle doit examiner les rapports et fournir des avis au Conseil ; ne sortirait-elle pas de ces attributions en recevant des pétitions et en les discutant ? D'un autre côté, certains de ces documents peuvent être utiles dans les avis mêmes de la Commission au Conseil ».

Ces observations démontrent bien le souci qui, dès le début de ses travaux, anima la Commission de ne pas sortir de son

---

(1) Voir P. V., I, p. 28.

rôle et, d'autre part, d'éviter ce qui pourrait nuire à l'autorité et au prestige des Puissances mandataires.

Ce fut une de ces Puissances, la Grande-Bretagne, qui, immédiatement après la ratification, par le Conseil, des mandats A et B, au mois de juillet 1922, prit l'initiative de reconnaître le droit de pétition aux habitants des territoires sous mandat.

A cet effet, le Gouvernement britannique adressa au Conseil, le 24 juillet 1922, un projet de réglementation du droit de pétition qui, après avoir été discuté à la troisième Assemblée et amendé sur plusieurs points par la Commission des mandats, fut confirmé finalement par le Conseil, le 31 janvier 1923 (1), sous le titre : « Procédure à suivre en matière de pétitions relatives aux habitants des territoires sous mandat ».

Cette procédure renferme les règles suivantes :

« 1. Toutes les pétitions adressées à la Société des Nations par des communautés ou des éléments de la population des territoires sous mandat seraient transmises au secrétariat de la Société des Nations par l'intermédiaire du Gouvernement mandataire intéressé. Ce dernier joindrait aux pétitions les observations qu'il jugerait convenables.

« 2. Toute pétition émanant de ces habitants qui serait reçue par le secrétariat de la Société des Nations par une voie autre que celle du Gouvernement mandataire intéressé serait retournée aux signataires, avec prière de la présenter à nouveau en se conformant à la procédure spécifiée ci-dessus.

« 3. Toute pétition relative aux habitants des territoires sous mandat reçue par la Société des Nations d'une source autre que celle de ses habitants eux-mêmes serait communiquée au président de la Commission permanente des mandats. Ce dernier serait chargé de faire le départ entre celles qui, par la nature de leur contenu, ou l'autorité ou le désintéressement de leurs auteurs, seraient dignes de retenir l'attention, et les autres manifestement insignifiantes. Les premières

____

(1) Voir les procès-verbaux des séances du Conseil du 29 et du 31 janvier 1923.

seraient communiquées au Gouvernement de la Puissance mandataire, qui serait invitée à formuler ses observations dans un délai de six mois au maximum, si elle le jugeait utile. Les secondes seraient l'objet d'un rapport du président à la Commission.

« 4. Toutes les pétitions transmises à la Société des Nations par la procédure indiquée seraient, avec les observations des Puissances mandataires, groupées et réservées jusqu'à la première réunion de la Commission permanente des mandats.

« 5. Cette Commission, après avoir délibéré des pétitions qui lui seraient parvenues avec les commentaires de la Puissance mandataire, ferait le départ entre celles qui, le cas échéant, pourraient être communiquées au Conseil et aux membres de la Société et les autres. Le procès-verbal de la réunion à laquelle elles auraient été discutées serait joint à ces communications ».

La procédure prescrite distingue nettement entre les pétitions émanant « des communautés ou des éléments de la population des territoires sous mandat » et celles qui parviennent à la Société des Nations d'autres sources. Elle habilite, quant aux dernières, le président de la Commission, et, en ce qui concerne toutes les pétitions qui finalement lui sont soumises, la Commission elle-même, à faire le départ entre celles qui méritent d'être retenues et les autres.

Il s'ensuit qu'en matière de pétitions, la Commission, ainsi que son président, agissant de leur propre chef, exercent un pouvoir *exécutif*.

Cette conséquence du Règlement projeté ne passa pas inaperçue, comme il ressort du rapport adressé au Conseil par son rapporteur, le membre italien, M. Salandra ; (1) elle ne donna cependant pas lieu à des modifications propres à maintenir intact le caractère consultatif de la Commission.

---

(1) Faisant allusion à certains amendements d'un des membres de la Commission, M. Salandra remarqua notamment dans son rapport : « Ils (ces amendements) témoignent de la préoccupation de sauvegarder la qualité d'organe consultatif propre à la Commission des mandats. Ils lui refusent le triage des pétitions parce qu'en effet *tout triage constitue un acte d'ordre exécutif* ».

§ 11. — Commentaires sur la procédure

A. — *Pétitions.*

La procédure prescrite n'a trait qu'aux pétitions adressées à la Société des Nations ; elle ne concerne pas les pétitions relatives aux territoires sous mandat et adressées, soit au gouvernement local, soit au gouvernement mandataire.

Le Règlement n'ayant pas défini ce qu'il faut entendre par « pétition », la Commission estima, au cours de sa cinquième session, qu'il conviendrait « de ne pas donner un sens trop étroit au mot « pétition », et de considérer comme valables, non seulement les « pétitions » proprement dites, mais toutes requêtes ou demandes, pourvu qu'elles soient adressées à la Société des Nations selon la procédure régulière » (1).

La question ayant été soulevée à nouveau, dans sa septième session, la Commission s'exprima dans le même sens en acceptant que sa procédure générale consistât « à comprendre, sous la rubrique « pétitions », tous documents, télégrammes, mémorandums, etc., émanant des pétitionnaires » (2). Elle saisit le Conseil de cette interprétation en lui recommandant « de vouloir bien l'autoriser de donner au mot de « pétition », dans le Règlement de procédure ci-dessus cité, une interprétation très large qui lui permettra d'y inclure des mémorandums de toute nature relatifs à l'administration des territoires sous mandat » (3).

Cette application du Règlement ne rencontra pas d'objection de la part du Conseil (séance du 9 décembre 1925).

B. — *Observations des mandataires.*

Toutes les pétitions, sauf celles qui ont été retenues par le président de la Commission en vertu du paragraphe 3 du Règlement, doivent passer par le gouvernement du mandataire intéressé qui les transmet, accompagnées des commen-

---

(1) Voir P. V., V, p. 116.
(2) Voir P. V., VII, p. 129 et 130.
(3) Voir le 7ᵉ rapport de la Commission, p. 10 et 11.

Van Rees.

taires qu'il juge utiles, au secrétariat de la Société des Nations aux fins d'examen par la Commission.

Il n'est donc loisible au mandataire de retenir aucune pétition.

Quant aux commentaires à joindre aux pétitions, le Règlement s'exprime en termes plutôt vagues.

Le premier paragraphe de ce Règlement, relatif aux pétitions émanant des communautés ou des éléments de la population des territoires sous mandat, ne demande au gouvernement mandataire intéressé que de joindre aux pétitions les observations « qu'il jugerait convenables ».

Et en ce qui concerne les pétitions provenant d'autres sources, le troisième paragraphe ne l'invite qu'à formuler ses observations dans un délai de six mois, s'il « le juge utile ».

L'insuffisance de la documentation qui en résulta parfois amena la Commission à insérer dans son septième rapport au Conseil la recommandation suivante :

« En transmettant des pétitions (notes, mémoires ou autres communications) à la Commission permanente des mandats, les Puissances mandataires ont généralement joint leurs propres commentaires, soit sur l'ensemble, soit sur certaines parties de ces documents ; toutefois, dans quelques cas, elles n'ont joint à leur communication aucune observation. La Commission n'a pas toujours su si elle devait interpréter le silence de la Puissance mandataire comme une approbation des opinions formulées par les pétitionnaires. Afin d'éviter à l'avenir toute possibilité de malentendu à cet égard, le Conseil pourrait peut-être inviter la Puissance mandataire à indiquer, à propos de tous les points soulevés dans ces documents, si elle est d'accord avec les pétitionnaires ou si elle envisage la question d'un autre point de vue. Si la Puissance mandataire considère qu'elle a déjà examiné en détail dans son rapport ou dans un autre document une pétition déterminée, il y aurait avantage à ce qu'elle voulut bien l'indiquer ».

A cette recommandation, le Conseil donna suite par une résolution approuvée dans sa séance du 9 décembre 1925 qui complète, en précisant un point important, le Règlement en question.

C. — *Recevabilité des pétitions.*

Le paragraphe 3 du Règlement reconnaît au président de la Commission le droit de faire le départ entre les pétitions, visées par ce même paragraphe, qui, « par la nature de leur contenu, ou l'autorité ou le désintéressement de leurs auteurs », seraient dignes de retenir l'attention, et les autres « manifestement insignifiantes ».

En vue de l'exécution de cette dernière clause, la Commission adopta les règles suivantes (1) :

Seront considérées par le président comme irrecevables les pétitions qui :

a) Contiennent des plaintes incompatibles avec les dispositions du Pacte ou des mandats ;

b) Sont anonymes ;

c) Ne font que reproduire, quant au fond, une pétition récemment communiquée à la Puissance mandataire et ne contiennent aucun nouveau renseignement important.

La Commission décida en outre qu'il n'y avait pas lieu d'adopter de règle spéciale sur la recevabilité de pétitions contenant des violences de langage ou des expressions inconvenantes, étant entendu que le président prendrait, dans chaque cas, la décision qui lui semblerait appropriée.

En ce qui concerne les pétitions devant être soumises à la Commission (paragraphe 4 du Règlement), il appartient à celle-ci, en vertu du paragraphe 5, de faire le départ entre celles qui, le cas échéant, « pourraient être communiquées au Conseil et aux membres de la Société » et les « autres ».

La Commission décida d'appliquer à ces « autres » pétitions les règles mentionnées ci-dessus (2).

Mais, de plus, considérant qu'elle n'a pas à se substituer aux tribunaux ni à s'ériger en Cour d'appel pour juger des décisions régulièrement rendues par les tribunaux des Puissances mandataires, en application de la législation en vigueur dans les territoires sous mandat, la Commission décida que serait considérée irrecevable toute pétition portant devant elle un

---

(1) Voir P. V., VII, p. 133.
(2) Voir P. V., VII, p. 134.

litige dont les tribunaux ont à connaître ou dont l'auteur en appelle à la Commission d'une décision rendue par quelque tribunal du mandataire (1).

Par contre, dans les trois cas suivants les pétitions ne sauraient être mises de côté :

a) Si un pétitionnaire proteste contre un acte de la Puissance mandataire contre lequel il ne peut avoir recours aux tribunaux ; dans ce cas, la Commission aurait à apprécier si cet acte est conforme ou non aux termes de l'article 22 du Pacte et du mandat intéressé.

b) Si un pétitionnaire, débouté à l'occasion d'un procès, fait appel à la Commission pour savoir, non pas si le tribunal qui lui donna tort a justement interprété la législation de la Puissance mandataire, mais si cette législation elle-même est conforme aux principes du Pacte et du mandat.

c) Si, sur un point donné, les principes du Pacte et du mandat appellent une réglementation juridique, et si l'absence d'une telle réglementation avait pour conséquence de priver un pétitionnaire du bénéfice des droits qu'il pourrait légitimement revendiquer aux termes du Pacte ou du mandat.

D. — *Avis de la Commission.*

La Commission est tenue de fonder son opinion sur les pétitions qui lui sont soumises en se basant sur les observations des Puissances mandataires et sur les renseignements complémentaires fournis par les représentants accrédités de ces dernières. C'est avec le concours de ces représentants que les doléances et les allégations des pétitionnaires sont, en général, examinées au cours des séances, après avoir fait l'objet d'une étude spéciale de la part d'un des membres de la Commission désigné à cet effet comme rapporteur.

Il est donc compréhensible que la Commission tienne tout particulièrement à ce que les commentaires des Gouvernements intéressés soient détaillés et bien documentés et que, de toute façon, les délégués de ces derniers soient à même de

---

(1) Voir P. V., VI, p. 96-97 et 169.

compléter ces commentaires pour autant que la Commission en éprouve le besoin.

Néanmoins, lorsque la Commission eut à examiner des pétitions émanant du Comité exécutif du Congrès arabe de Palestine, elle ne se trouva pas en mesure de formuler, au sujet des nombreuses questions soulevées, un avis unanime et définitif. Doutant, du reste, qu'il lui fût possible de fonder quelque recommandation utile en une matière aussi complexe et aussi délicate sur la seule base de documents écrits, même en les examinant avec la collaboration du représentant accrédité de la Puissance mandataire, la Commission résolut — comme elle le communiqua au Conseil dans son 7e rapport (page 10) — « de surseoir à sa décision définitive sur cet objet ».

Ce point de vue provoqua, de la part du rapporteur au Conseil (M. Unden), l'observation suivante :

« Dans une affaire de ce genre, comme dans un grand nombre d'autres, la Commission ne peut agir, bien entendu, que dans certaines limites. C'est là un fait reconnu par le Conseil qui, j'en suis convaincu, désirera, dans les circonstances indiquées, demander seulement à la Commission de formuler le meilleur jugement qu'il lui serait possible de fonder sur les renseignements mis à sa disposition » (1).

Cette observation est en fait une excuse faite à l'avance de l'imperfection inévitable des avis de la Commission en certains cas ; elle ne formule pas une méthode pouvant satisfaire un organe soucieux d'exécuter soigneusement la mission qui lui est dévolue.

Aussi la Commission se devait-elle à elle-même de s'attacher à rechercher comment il pourrait être remédié à l'insuffisance de son information dans ces cas spéciaux. Ce problème fit, à plusieurs reprises, l'objet de longues délibérations, comme il sera exposé sous le paragraphe 15 ci-dessous.

---

(1) Le rapport de M. Unden fut approuvé par le Conseil dans sa séance du 9 décembre 1925.

SECTION IV

La documentation de la Commission

§ 12. — Questionnaires établis à l'intention des Mandataires

La Commission ne dispose que de documents écrits, officiels et autres, dont les rapports annuels des Puissances mandataires constituent l'élément principal.

C'est sur l'étude de ces documents, faite en coopération avec les représentants accrédités des mandataires, que la Commission est appelée à fonder son opinion sur l'application du régime des mandats.

Il est donc tout naturel que, dès le début de ses travaux, elle se soit attachée à contribuer au perfectionnement méthodique des rapports annuels, afin que ceux-ci lui permettent de se faire une conception nette de tous les détails de l'activité administrative déployée dans les territoires soumis au mandat.

A cet effet, la Commission consacra une partie de sa première session, tenue à Genève du 4 au 8 octobre 1921, à établir deux questionnaires (1) dont elle définit l'objet dans son premier rapport au Conseil dans les termes suivants :

« Nous avons pensé bien faire, en vue de faciliter aux Puissances mandataires la préparation des rapports annuels qu'elles devront adresser au Conseil, après la première année de leur administration régulière, de dresser des questionnaires à leur intention. Ces questionnaires, de deux types différents, correspondant aux mandats B et C, prévus aux alinéas 5 et 6 de l'article 22 du Pacte, vous sont également soumis. Nous nous permettons d'espérer que le Conseil voudra bien approuver notre initiative et transmettra aux Puissances mandataires ces questionnaires qui leur sont destinés, en les priant, dans la mesure où le leur permettront leurs convenances, d'en

____

(1) Voir P. V., I, p. 30 à 39 et 43 à 47.

tenir compte dans la rédaction de leurs premiers rapports annuels. Nous reconnaissons pleinement que ces questionnaires peuvent prêter à la critique et nous nous réservons de les compléter et de les perfectionner, conformément à l'expérience que nous aurons acquise par l'étude de ces rapports ».

Le Conseil ayant donné suite à cette suggestion par une résolution approuvée le 10 octobre 1921, la Commission élabora, dans sa session suivante, deux autres questionnaires visant les territoires de la Palestine et de la Syrie et du Liban sous mandat A (1). Elle présenta ces deux questionnaires au Conseil en les accompagnant d'une recommandation, ainsi conçue dans son 2e rapport (page 7) :

« Lors de sa dernière session, la Commission avait préparé à l'intention des Puissances mandataires chargées de l'administration des territoires sous mandats B et C des questionnaires pour servir de cadre aux rapports annuels qu'aux termes du Pacte elles se sont engagées à adresser au Conseil. Comme il a été constaté plus haut, ces Puissances ont, en général, bien voulu tenir compte des indications de ces questionnaires, ce qui a eu pour effet de faciliter grandement la tâche de la Commission. Encouragée par cette expérience, la Commission a cru bien faire en arrêtant les termes de deux nouveaux questionnaires destinés aux Puissances chargées de l'administration des territoires sous mandat A. Ces questionnaires ont été dressés d'après les termes des mandats britanniques pour la Palestine et français pour la Syrie et le Liban que le Conseil a arrêtés lors de sa dernière session. La Commission sera très reconnaissante au Conseil s'il veut bien transmettre ces questionnaires aux Gouvernements français et britannique ».

Cette proposition fut également approuvée par une décision du Conseil du 4 septembre 1922.

Il ressort des considérations précitées que les questionnaires furent établis à l'intention des Puissances mandataires pour servir de cadre aux rapports annuels de celles-ci,

-----

(1) Voir P. V., II, p. 76 et 77. — Un questionnaire pour l'Irak fait encore défaut.

Dans la pensée de la Commission, ces questionnaires vi-saient un double but, dans ce sens qu'ils devaient profiter aussi bien aux Puissances mandataires qu'à elle-même. Aux pre-mières, par le fait que ces documents faisaient connaître au préalable toutes les questions intéressant particulièrement la Commission et qui, partant, devraient faire d'après ses vues l'objet d'un examen approfondi en collaboration avec les représentants accrédités de ces Puissances ; à la Commis-sion, puisque les questionnaires ne pouvaient manquer d'ap-porter une certaine uniformité dans l'élaboration des rapports annuels, ce qui faciliterait considérablement sa tâche. De plus, ces questionnaires lui permettraient de procéder à l'étude verbale de ces rapports dans un ordre méthodique fixé d'a-vance.

Ce double but a été atteint, grâce à la bienveillance et à l'esprit de coopération qui ont toujours animé les Puissances mandataires. Aucune d'entre celles-ci n'a en effet jamais manifesté la moindre objection à se conformer au désir de la Commission, soit en développant dans les rapports annuels leurs vues sur les questions figurant dans les questionnaires, soit en reproduisant ceux-ci en annexe de ces rapports, accom-pagnés des réponses pertinentes.

Cependant, comme il avait été prévu, la nécessité d'étendre les questionnaires se fit bientôt sentir.

Tout d'abord, une addition leur fut apportée, ayant trait à l'éclosion, à l'extension, à la prévention et au traitement des maladies tropicales.

« La Commission — explique son deuxième rapport, — après avoir pris conseil de la Section d'hygiène de la Société des Nations (1), a préparé à ce sujet un addendum à son ques-tionnaire. Elle prie le Conseil de bien vouloir inviter les Puis-sances mandataires à ajouter à leurs rapports annuels destinés à être soumis à la Société, les réponses aux questions qu'elle propose d'ajouter au questionnaire déjà communiqué » (2).

En outre, au cours de la même session et de la suivante,

-----

(1) Voir P. V., II, p. 66 et 67.
(2) Le Conseil y donna suite par une résolution du 4 septembre 1922,

plusieurs membres attirèrent l'attention de la Commission sur diverses lacunes des deux questionnaires provisoires, dont certaines étaient d'une importance évidente. Aussi la Commission fut-elle amenée à élaborer une nouvelle liste de questions destinées à remplacer les deux premières (1).

L'élaboration de cette liste se poursuivit au cours de plusieurs sessions (2). Ce ne fut qu'au mois de juin 1926 que la Commission put présenter au Conseil le fruit de ce laborieux travail, sous forme d'un document détaillé annexé à son neuvième rapport.

Quelles ont été les intentions qui présidèrent à l'exécution de cette revision définitive ?

Celle-ci devait forcément conduire à une augmentation considérable du nombre des questions à poser, malgré tous les soins qu'apporta la Commission à maintenir cette extension dans des limites raisonnables.

Sur ce point, le membre belge (M. Orts), chargé de reviser la liste de questions en se basant sur les avant-projets de certains de ses collègues, fit ressortir dans la séance du 29 juin 1925 (3) « que le projet est déjà le résultat d'une compression : il en a été éliminé toutes les questions qui ne paraissaient pas indispensables parce qu'elles visaient des cas ou des situations qui ne se rencontrent que dans certains territoires. Les questions spéciales pourront être posées au représentant de l'administration intéressée. D'autres questions ont été groupées en une seule, libellée de façon à provoquer un exposé d'ensemble ».

Et ultérieurement il ajouta (4) :

« Il est de fait que les questions sont nombreuses. Elles s'élèvent à un total de 118. Cela tient à ce qu'il a fallu tenir compte, dans une certaine mesure, des divers amendements qui ont été suggérés au rapporteur. Chacun des membres, s'intéressant plus particulièrement à l'un ou l'autre point,

---

(1) Voir P. V., II, p. 63 et 64 ; III, p. 15, 258 à 260 et 286.
(2) Voir P. V., III, p. 101, 161 ; IV, p. 149 ; V, p. 117 à 119 ; VI, p. 45 et 46, 99 et 100 ; IX, p. 50 et 51, 128, 182.
(3) Voir P. V., VI, p. 46.
(4) Voir P. V., IX, p. 51.

était porté à multiplier les questions sur le sujet qui l'intéresse. En réalité, ce questionnaire, tout volumineux qu'il est, est le résultat d'un travail de compression et d'élimination. Comme il n'est pas nécessaire de répondre chaque année à chacune des questions et que, d'autre part, toutes doivent être traitées, au moins une fois, ces demandes n'impliquent pas des exigences nouvelles. En fait, les Puissances mandataires fournissent des renseignements sur chacun des points soulevés dans ce questionnaire ».

Cette explication demande une attention particulière.

La liste renferme sans doute un grand nombre de questions ; mais, à vrai dire, plusieurs d'entre elles n'appellent qu'une seule réponse, une fois pour toutes ; de plus, elle ne contient que des questions ayant fait, pour ainsi dire annuellement, l'objet d'un échange de vues avec les représentants des Puissances mandataires.

C'est un point à souligner. En effet, la liste, bien loin de témoigner de quelque tendance ambitieuse, ne fait, en réalité, que grouper d'une façon systématique et dans une forme concrète les questions ayant une importance réelle pour l'examen de la Commission. Un certain nombre d'entre elles, étant passées sous silence dans les rapports annuels, devaient inévitablement revenir périodiquement au cours des délibérations avec les délégués des mandataires.

La conséquence logique fut la proposition tendant à compléter les questionnaires primitifs en y ajoutant les questions dont l'expérience acquise pendant les années écoulées avait démontré l'importance ; et ce, en vue de permettre à la Commission de recevoir des rapports satisfaisants à tous points de vue, de simplifier la collaboration prescrite et d'abréger dans la mesure du possible l'étude orale des actes de l'administration mandataire.

Or, quel fut l'ordre d'idées qui guida l'élaboration de la liste en question ?

Ce fut encore M. Orts qui en rendit compte dans la séance du 31 octobre 1924 en s'exprimant comme suit (1) :

____

(1) Voir P. V., V, p. 118,

« Il est certains points sur lesquels la Commission des mandats s'est fait une opinion précise, et la Puissance mandataire est appelée à répondre, d'une certaine manière, aux questions relatives à ces points. Ces points sont les questions concernant l'exercice du mandat. C'est ainsi que la Commission estime que les revenus du territoire sous mandat doivent être inscrits au budget du territoire et non pas versés au Trésor central de la Puissance mandataire. Des principes semblables ont été établis en ce qui concerne les domaines de l'Etat. La Commission des mandats s'attend à ce qu'une réponse à des questions de ce genre soit fournie dans un certain sens. Ces points impliquent, en quelque sorte, l'affirmation d'une doctrine que la Commission a établie elle-même (1).

« Il existe, toutefois, une autre catégorie de questions. Les Puissances mandataires peuvent adopter deux systèmes d'administration dans l'exercice de leur mandat et, dans certains cas, la Commission ne doit pas paraître favoriser l'un ou l'autre système. Certains mandataires, par exemple, adoptent le principe de l'assimilation des institutions des territoires sous mandat aux institutions européennes. D'autres estiment que les indigènes doivent avoir la faculté de se développer librement, et que les institutions indigènes existantes doivent être, autant que possible, maintenues, sous réserve d'une modification et d'un développement progressifs. Certains Mandataires administrent leur territoire conformément au premier principe, et d'autres conformément au second, ou encore appliquent les deux principes dans les différentes parties du territoire qu'ils administrent. Le questionnaire ne doit pas indiquer les préférences de la Commission pour l'un ou l'autre principe. Ces questions ne sont posées que pour obtenir des renseignements ».

Cet exposé révèle bien la pensée fondamentale de l'auteur : la liste n'est destinée qu'à provoquer des informations ; elle est parfaitement neutre et objective, n'exprime aucune préférence de la Commission pour l'une ou l'autre des méthodes

---

(1) Ultérieurement les questions de ce genre ont été éliminées. Voir P. V., VI, p. 46.

d'administration. Elle ne saurait, par conséquent, trahir aucune tendance à s'ingérer illégitimement dans la politique appliquée aux territoires sous mandat.

Bien au contraire, la Commission a fait tout son possible pour éviter de donner l'impression qu'elle aurait pu perdre de vue le principe de confiance qui, en théorie et en fait, devra présider à tout contrôle international de la gestion mandataire.

« La Commission — remarqua le même membre (1) — ne doit pas donner l'impression qu'elle exerce la mission de contrôle qui lui est dévolue dans un esprit de méfiance à l'endroit des Puissances mandataires. Celles-ci ont été investies des mandats en raison de la confiance que la Société des Nations mit en elles et, après plusieurs années d'expérience, cette confiance reste entière ».

Il serait malaisé de s'exprimer d'une façon plus nette. La Commission elle-même, en plein accord avec M. Orts, se montra consciente du principe dont il s'agit, à tel point qu'elle se refusa à intituler le nouveau document « Questionnaire » comme les deux précédents. Finalement, après maintes délibérations (2), elle adopta, pour bien marquer l'absence de toute intention inquisitoriale, le titre suivant : « Liste des questions que la Commission permanente des mandats désirerait voir traiter dans les rapports annuels des Puissances mandataires ». A ce titre fut ajouté un préambule, dont voici la teneur :

« Le document ci-joint remplace les anciens questionnaires pour les territoires sous mandat B et C. Il a été dressé dans le dessein de faciliter l'élaboration des rapports annuels qu'aux termes de l'article 22 du Pacte les Puissances mandataires doivent envoyer au Conseil sur les territoires dont elles ont la charge.

« On y indique, sous forme de questions, les informations essentielles que la Commission permanente des mandats désire trouver dans les rapports annuels.

---

(1) Voir P. V., VI, p. 46.
(2) Voir P. V., VI, p. 46 ; IX, p. 51 et 128.

« Sans demander que ces questions soient nécessairement reproduites dans les rapports, la Commission estime utile que ceux-ci soient établis suivant le cadre que constitue leur ensemble ».

Voilà l'historique sommaire et le sens de la nouvelle liste qui, ainsi qu'il a été dit, fut soumise à l'approbation du Conseil par le neuvième rapport de la Commission en date du 25 juin 1926.

*
* *

Quel fut l'accueil réservé par le Conseil à cette liste ?

Dans son rapport sur les travaux de la Commission présenté au cours de la séance du Conseil du 3 septembre 1926, M. Unden exposa son point de vue au sujet de la liste dans les termes suivants :

« En vue de faciliter la préparation des rapports annuels des Puissances mandataires pour les territoires sous mandats B et C, le Conseil a approuvé, il y a cinq ans, un *questionnaire* qui avait été établi par la Commission et qui était destiné à indiquer un certain nombre de points sur lesquels elle désirait obtenir régulièrement des renseignements. Ce questionnaire a été, en règle générale, imprimé sous forme d'annexe aux rapports des Puissances mandataires avec, en regard, les réponses aux différentes questions ou l'indication d'un renvoi aux pages du rapport où se trouvaient les réponses.

« Les travaux de ces dernières années ont révélé un certain nombre d'autres points importants qui n'étaient pas mentionnés dans le questionnaire, et ils ont fait ressortir que de nombreuses répétitions résultaient du fait qu'en règle générale, le rapport et les réponses au questionnaire avaient été établis séparément.

« La Commission a donc préparé une liste de questions qu'elle désire voir traiter dans les rapports annuels et elle a suggéré que les rapports soient, à l'avenir, établis conformément au plan général de ce questionnaire revisé. Je suis persuadé que l'adoption de cette procédure qui sera, je l'espère, recommandée par le Conseil, entraînera des avantages pour tous les intéressés, et je pense que le Conseil désirera se joindre à moi pour exprimer sa haute appréciation des soins que la Commission, et notamment le rapporteur chargé de cette tâche délicate, ont apportés, au cours des deux dernières années, à la revision de ce document ».

S'inspirant de ces considérations, M. Unden proposa la résolution suivante :

« Le Conseil invite le Secrétaire général à transmettre des exemplaires de la liste des questions aux Puissances mandataires et à prier celles-ci d'examiner la demande de la Commission, aux termes de laquelle les rapports annuels devraient être établis conformément au plan général de ce questionnaire revisé ».

Ce projet de résolution provoqua aussitôt, de la part du représentant de l'Empire britannique, Sir Austen Chamberlain, une protestation conçue en des termes particulièrement désobligeants pour la Commission des mandats :

« La Commission — dit-il — a préparé un immense questionnaire auquel elle aimerait voir toutes les Puissances mandataires répondre dans leurs rapports annuels. C'est un questionnaire infiniment plus détaillé, infiniment plus inquisitorial que celui qui a jusqu'ici été en vigueur et qu'a sanctionné le Conseil ; et, à son avis, le nouveau questionnaire soulève le problème de savoir quelles sont en réalité les situations respectives du Gouvernement mandataire dans un territoire sous mandat, de la Commission permanente, qui examine les rapports de ce Gouvernement, et du Conseil, qui prend les mesures appropriées en sa qualité de tuteur aux termes du Pacte. Il a l'impression — et il sait que ce sentiment est partagé par d'autres membres de la Société ainsi que de l'Empire britannique, qui exercent une autorité mandataire — que la Commission manifeste un certain penchant à étendre son autorité, au point que ce ne serait plus la Puissance mandataire, mais la Commission des mandats, qui administrerait. Il a la conviction que telle n'est pas l'intention du Pacte. Il résulte clairement de ce document que les territoires en question doivent être placés sous la tutelle de nations développées et que celles-ci exerceront leur autorité sous le contrôle de la Société, celle-ci recevant à cet effet l'assistance d'une Commission spéciale. Mais, si le représentant britannique comprend bien le Pacte, il n'est nullement question pour l'administration de ces territoires d'une autorité autre que le Gouvernement auquel a été attribué le mandat. A première vue, l'adoption d'un questionnaire aussi détaillé et aussi étendu lui semble soulever de grandes objections et il se permet de demander que ce questionnaire soit, avant toute décision du Conseil à ce sujet, soumis à l'examen des divers Gouvernements mandataires, qui seraient invités à présenter leurs observations ».

Les autres représentants de Puissances mandataires présents à la séance, tout en s'associant, d'une façon générale, aux observations du représentant de l'Empire britannique, ne s'arrêtèrent pas au questionnaire, sauf le représentant de l'Union sud-africaine, M. J. S. Smit, qui observa :

« Dans ses remarques, Sir Austen Chamberlain a signalé les objections que peut, à juste titre, soulever le questionnaire, tant de la part de la Puissance mandataire que dans les territoires sous mandat. D'autres membres se sont plus ou moins bornés à la question de l'audition des pétitionnaires (1). Il prie instamment le Conseil de ne pas négliger le fait que ce questionnaire très complet touche à des sujets qui, en réalité, ne concernent pas la Commission permanente des mandats ou qui constituent véritablement une enquête sur la politique de la Puissance mandataire dans son propre territoire.

« Le Conseil ne doit pas négliger le fait que les territoires sous mandat C forment partie intégrante du territoire de la Puissance mandataire et que certaines des questions — telles que la question 54 — visent la politique future du Gouvernement de l'Union, par exemple. Poser de cette manière au Gouvernement de l'Union de telles questions serait provoquer un profond ressentiment. C'est pourquoi il appuie énergiquement la proposition de Sir Austen Chamberlain ».

Le Conseil, adoptant cette proposition à sa séance du len-

---

(1) Cette question fut la seconde discutée à la même occasion ; voir ci-après le paragraphe 15, *e*.

demain, le 4 septembre 1926, invita le Secrétaire général « à transmettre des exemplaires de la liste des questions aux Puissances mandataires en les priant de bien vouloir lui communiquer, si possible avant le 1er décembre 1926, les observations qu'elles désireraient, le cas échéant, présenter à son sujet ».

Donnant suite à cette demande, les Puissances intéressées transmirent par écrit leurs opinions qui, toutes, sauf celles des Gouvernements français et belge, se révélèrent formellement opposées à l'approbation du questionnaire, ce qui amena le Conseil à décider, au cours de sa séance du 10 décembre 1926, sur l'avis de son rapporteur, M. van Karnebeek :

« De prier la Commission permanente des mandats, en présence des discussions qui ont eu lieu à ce sujet au cours des sessions du Conseil et de l'Assemblée au mois de septembre dernier (1), ainsi que des opinions exprimées dans les récentes communications des Puissances mandataires, d'examiner à nouveau la liste de questions pour l'établissement des rapports annuels pour les territoires sous mandats B et C ».

La Commission procéda à ce nouvel examen au cours de sa onzième session ; il aboutit à l'exposé suivant figurant à la page 2 de son rapport au Conseil en date du 6 juillet 1927 :

« 1. Conformément au vœu du Conseil, la Commission permanente des mandats a pris en considération les opinions exprimées, au sujet de la « Liste de questions » jointe à son rapport sur sa neuvième session, tant au cours des sessions du Conseil et de l'Assemblée du mois de septembre 1926 que dans les communications des Puissances mandataires.

« 2. Ainsi qu'il ressort des procès-verbaux de sa neuvième session et du préambule du document lui-même, la « Liste de questions » a été établie à l'intention des Puissances mandataires et dans le seul dessein de faciliter l'élaboration des rapports annuels que ces Puissances sont tenues de faire au Conseil, aux termes de l'article 22 du Pacte.

---

(1) Voir les procès-verbaux des séances des 21 et 24 septembre de la VIe Commission de la septième Assemblée et la séance plénière de cette Assemblée du 25 septembre.

« Dès lors, il dépend entièrement des Puissances mandataires de faire usage ou de ne pas faire usage de la « Liste de
questions », suivant qu'elles partagent ou contestent l'opinion
de la Commission quant à son utilité.

« La Commission ne peut que s'en remettre au Conseil du
soin d'apprécier l'opportunité que peut encore présenter, après
ces éclaircissements, une recommandation quelconque aux
Puissances mandataires au sujet de ce document.

« 3. Pour répondre à certaines observations que son initiative a provoquées, la Commission permanente des mandats
croit devoir faire observer qu'en dressant ladite liste, elle s'est
attachée à n'y introduire que des questions qui ont déjà été
traitées, soit dans l'un ou l'autre rapport des Puissances mandataires, soit oralement par les représentants accrédités de ces
Puissances.

« En établissant cette liste, la Commission ne s'est donc
pas écartée de la méthode de travail, qu'avec l'approbation
du Conseil et la collaboration active des Puissances mandataires, elle a constamment suivie depuis qu'elle fonctionne.

« 4. Les échanges de vues sur lesquels le Conseil a bien
voulu attirer l'attention de la Commission, ainsi que les réponses de certaines Puissances mandataires, donneraient à
penser que d'aucuns voudraient voir modifier la méthode de
travail à laquelle la Commission a eu recours jusqu'ici pour
assister le Conseil dans sa mission de contrôle.

« 5. Cependant, la Commission permanente des mandats
a eu la satisfaction de constater que les rapports annuels des
Puissances mandataires, ainsi que les déclarations de leurs
représentants accrédités au cours de sa présente session, témoignent, par l'abondance et la précision des détails fournis
sur toutes les manifestations de l'activité des administrations,
que l'empressement et la bonne volonté des Puissances mandataires à faciliter la mission de la Commission ne se sont en
aucune façon ralentis. Elle espère et elle ne doute pas qu'il
en sera toujours de même, car c'est à cette condition essentielle qu'elle peut seulement, dans l'avenir comme dans le
passé, accomplir sa tâche ».

Van Rees.   8

Une décision au sujet de ces considérations n'a pas encore été prise par le Conseil.

§ 13. — Documents transmis par les Mandataires

A. — *Rapports annuels.*

En passant rapidement en revue les différents documents transmis par les Puissances mandataires, il convient de s'arrêter tout d'abord aux rapports qui doivent être envoyés par elles au Conseil.

Ces rapports annuels sont parvenus graduellement, grâce à l'observation scrupuleuse des questionnaires et des nombreuses demandes de détails et d'explications complémentaires exprimées par la Commission, à un état de perfection et de clarté dont il n'est que juste de féliciter vivement leurs auteurs.

Pour la plupart, ces rapports se sont développés de plus en plus à tel point qu'ils sont parvenus à constituer d'importants volumes extrêmement intéressants.

Plusieurs d'entre ceux-ci peuvent servir de modèle de documentation de ce genre : ils exposent avec un souci remarquable de franchise et de sérénité jusqu'au moindre détail de la politique appliquée dans les territoires administrés sous le régime des mandats.

En conséquence, ces documents, destinés à rendre compte au Conseil de la façon dont ce régime a été mis en vigueur, constituent à l'heure présente une base sûre et précieuse pour l'exercice du contrôle de la gestion mandataire.

B. — *Législation et règlements administratifs.*

Les textes des lois et des règlements administratifs promulgués dans les territoires sous mandat constituent, en confirmant les exposés contenus dans les rapports annuels, le complément indispensable de ceux-ci.

Aussi la Commission a-t-elle, dès le début de ses travaux (1), attaché le plus grand prix à ce que les textes de toutes les

____

(1) Voir P. V., I, p. 30.

mesures législatives ou administratives prises au cours de l'année sous revue lui soient remis, soit en annexe des rapports annuels, soit séparément.

Comme il a été remarqué ailleurs (1), la remise de ces textes est obligatoire, en vertu des dispositions des mandats, pour les Puissances administrant les trois territoires sous mandat du Proche-Orient, ainsi que pour la Grande-Bretagne, en ce qui concerne le mandat sur l'Est africain (territoire du Tanganyika).

Cette obligation ayant été omise dans les autres mandats, la Commission a cru devoir ajouter à la fin de ses questionnaires, établis en 1921 et 1922, la demande suivante :

« La Commission permanente des mandats serait reconnaissante aux Puissances mandataires de bien vouloir annexer à leurs rapports annuels le texte de toutes les décisions législatives et administratives prises au sujet de chaque territoire soumis à mandat au cours de l'année écoulée ».

Depuis, elle attira à plusieurs reprises l'attention du Conseil sur l'utilité qu'il y aurait pour elle à pouvoir consulter cette documentation particulièrement intéressante (2). Le Conseil adopta donc, au cours de sa séance du 29 août 1924, une résolution aux termes de laquelle les Puissances mandataires furent « priées de bien vouloir, à l'avenir, s'imposer comme règle d'insérer dans leurs rapports ou d'y joindre, sous forme de publications, annexes, en douze exemplaires au moins, le texte complet de toutes les décisions d'ordre législatif ou administratif, d'une portée générale, adoptées au cours de l'exercice auquel se réfèrent leurs rapports » (3).

C'est extrêmement significatif — remarqua à ce sujet un auteur avisé (4) — « car le fait, pour le mandataire, de soumettre à un organe international tous les textes législatifs

----

(1) Voir p. 46 ci-dessus.

(2) Voir le 2e rapport de la Commission adressé au Conseil, p. 7 ; ainsi que ses 4e et 6e rapports, resp. p. 4 et 7 et 3.

(3) Le 15 septembre 1925, le Conseil renouvela cette invitation en la modifiant dans ce sens que les textes désirés pourraient être transmis, soit en annexe des rapports, soit en un recueil spécial.

(4) STOYANOVSKY, *op. cit.*, p. 145.

et administratifs qui régissent le territoire soumis à son mandat, d'en faire un sujet de discussion internationale, de recommandations et parfois de demandes de modifications, indique que la surveillance de la gestion du mandataire a atteint le plus haut degré possible. Elle embrasse, en effet, comme il ressort des questionnaires, tous les phénomènes de la vie indigène, dont elle garantit le bien-être et le développement ».

C. — *Autres documents officiels.*

La valeur de la documentation officielle s'est encore accrue par la remise effectuée par les Puissances mandataires, soit spontanément, soit sur demande de la Commission, de différents documents destinés à compléter les informations fournies par les rapports et leurs annexes. Il convient de ne pas les passer sous silence.

Mentionnons en premier lieu l'envoi, de temps à autre, de rapports spéciaux contenant les résultats d'enquêtes ordonnées par le Gouvernement en vue d'éclairer des questions générales d'ordre politique, économique ou social intéressant directement ou indirectement les territoires soumis au mandat.

Des rapports de ce genre ont toujours été accueillis par la Commission avec une vive reconnaissance et se sont révélés pour elle d'une grande utilité.

Ainsi, le rapport très détaillé du Colonel John Ainsworth, chargé par le Gouvernement australien d'exposer ses vues après avoir enquêté sur place sur le système administratif de la Nouvelle-Guinée et notamment sur la politique indigène a fait l'objet de longues discussions au cours de la sixième session de la Commission. (1)

Le rapport Ainsworth et plusieurs autres d'un genre plus ou moins similaire que les Puissances mandataires eurent l'obligeance de faire parvenir à la Commission (2), lui ont

---

(1) Voir P. V., VI, p. 84 sv.

(2) A titre d'exemple, nous citerons le « Report of the East Africa Commission », le « Report of the Education Conference, 1925 », le « Report by the Hon. W. G. A. Ormsby-Gore on his visit to West Africa, 1926 », le « Report of the Financial Mission » concernant l'Irak.

rendu de grands services et ont facilité considérablement sa tâche.

Il en est de même d'autres documents officiels apportant des renseignements complémentaires et se composant de publications diverses, de tableaux statistiques relatifs aux finances des territoires ou à d'autres branches de l'administration locale, de cartes géographiques de l'ensemble des régions sous mandat ou d'une partie de celles-ci, etc.

En faire simplement mention semble suffisant pour faire ressortir qu'en matière de documentation écrite, tout autant qu'en matière d'information verbale par la voie de leurs représentants accrédités, les Puissances mandataires se sont efforcées d'assurer à la Commission, dans la mesure du possible, tous les moyens d'accomplir sa mission.

§ 14. — Documents divers d'autres sources

Une dernière source d'information consiste en des documents de tout genre, non transmis par les Puissances mandataires, qui arrivent continuellement à la Commission. Ces documents ont soit un caractère officiel, comme les comptes rendus de débats parlementaires relatifs aux territoires sous mandats, soit un caractère privé, comme les études scientifiques paraissant de plus en plus ou comme diverses publications de presse portant sur les principes du régime des mandats.

Le soin de recueillir toute cette documentation est confié à la Section des mandats du secrétariat de la Société des Nations (1) qui s'en acquitte avec un zèle et un dévouement remarquables, en adressant à chaque membre de la Commission des collections mensuelles ou bimensuelles contenant tout ce qui paraît pouvoir intéresser la Commission et faciliter l'exécution de sa tâche.

Les directives qui guident la Section dans l'accomplissement de ce travail difficile ont fait l'objet d'un exposé du

---

(1) En vertu de l'article 4 du Règlement intérieur de la Commission, cette section constitue le secrétariat permanent de cette dernière.

directeur de cette Section, au cours de la deuxième session de la Commission. Cet exposé n'a rien perdu de son actualité et mérite d'être retenu.

« La Commission — dit-il (1) — lors de sa dernière session nous a expressément chargés de la renseigner sur ce qui se disait et s'écrivait dans le monde au sujet de l'institution sur laquelle elle a reçu la haute mission de veiller au nom de la Société des Nations. Désireux de rapporter à la Commission un écho aussi fidèle que possible de la voix de l'opinion publique, qui retentit sans cesse à nos oreilles par l'organe des journaux, d'articles de revues, de débats parlementaires, d'appels, de pétitions et de manifestes, mais également désireux d'épargner à ses membres la lecture de milliers de pages d'imprimerie, nous sommes naturellement tenus d'opérer une sélection dans tout l'amas de documents que chaque jour nous apporte. En procédant à cette sélection, nous cherchons à ne nous laisser guider que par un seul souci, celui de l'impartialité la plus absolue. Nous n'avons pas à nous préoccuper de la tendance et des opinions que nous portons à la connaissance des membres de la Commission, mais seulement de la sincérité apparente, du sérieux et de l'autorité de leurs auteurs. N'étant chargés d'aucune enquête directe et n'ayant d'ailleurs aucun moyen d'investigation à notre disposition pour cela, nous ne pouvons, en aucune mesure, nous porter garants de l'exactitude des informations contenues dans nos dossiers mensuels. Dans le conflit d'opinions qui se reflètent dans notre documentation, nous nous abstenons absolument de prendre parti en quoi que ce soit. Aussi cette documentation ne pourra-t-elle jamais servir de base unique à une action ou à une intervention de la Commission dans un domaine quelconque ».

Ces remarques sont parfaitement exactes. Les documents dont il s'agit, sauf ceux dont le caractère officiel ne saurait être mis en doute, ne pourront jamais remplacer ni même modifier les renseignements transmis par les Puissances mandataires en vertu du Pacte. Dans certains cas, ces documents

---

(1) Voir P. V., II, p. 8.

peuvent les compléter ou servir à les expliquer sans, cependant, porter la moindre atteinte à la valeur intrinsèque des déclarations et informations fournies officiellement. Aussi est-ce avec la plus grande circonspection que les membres de la Commission font usage de cette documentation auxiliaire qui, néanmoins, dans son ensemble, pour autant qu'elle accuse nettement un esprit objectif et une connaissance spéciale des sujets traités, présente pour elle un intérêt notable.

C'est pourquoi elle a insisté pour que la réunion de cette documentation soit poursuivie avec la même exactitude, bien qu'elle en ait fait rarement un objet de discussion avec les représentants accrédités présents aux séances. Et encore, dans les cas exceptionnels où certains documents leur furent soumis, ce ne fut en général que dans l'intention de leur fournir l'occasion de rectifier ou de démentir formellement des affirmations qui, sans une intervention de ce genre, auraient pu demeurer incontestées (1).

§ 15. — Autres moyens d'information

Le Pacte et les dispositions qui fixent la procédure à suivre en matière de rapports annuels ou de pétitions, ne prévoient ni n'excluent expressément la faculté, pour la Commission, de se procurer des informations complémentaires par d'autres voies que celles indiquées plus haut.

Aucune interdiction n'ayant été formulée à cet égard, en résulte-t-il que la Commission puisse se considérer autorisée à étendre son examen obligatoire en dehors de la documentation écrite qui lui a été fournie ?

La Commission est chargée non seulement d'examiner les rapports annuels et les pétitions présentées par écrit, mais encore de donner au Conseil son avis sur toutes questions relatives à l'exécution des mandats. On pourrait donc en inférer que, tant qu'aucune disposition ne prescrit le contraire, il lui appartient logiquement, si la documentation dont elle

(1) Voir, par exemple, les P. V., X, p. 25.

dispose ne la satisfait pas entièrement, de recourir à d'autres moyens d'information dont elle estime ne pas pouvoir se passer. Ces moyens se limitent pratiquement à l'audition officielle de personnes ou d'organisations privées, qu'elles soient des pétitionnaires ou non, et à l'enquête sur place.

En effet, le devoir de renseigner le Conseil implique de le faire en pleine connaissance de cause, de sorte que la Commission devra être libre d'appliquer tous les moyens jugés propres à lui faire acquérir cette connaissance.

Cependant, une thèse contraire serait tout aussi soutenable, et paraît même devoir l'emporter sur la première.

La Commission, n'étant qu'un organe consultatif, en ce sens qu'elle ne juge pas et par conséquent ne prend pas de décisions, n'est en somme qu'un instrument du Conseil chargé de poursuivre à l'intention de celui-ci un travail préparatoire. Tant que ce travail, accompli à l'aide des moyens dont la Commission dispose en vertu des dispositions fixant sa procédure, satisfait le Conseil, on ne peut arguer du droit ou de la nécessité pratique d'avoir recours à une autre procédure, allant au delà de celle qui lui a été prescrite.

Quoique les deux thèses aient été défendues au sein de la Commission, il se dégage des délibérations que les conclusions suivantes peuvent être enregistrées comme répondant à ses vues :

Ses membres peuvent individuellement recevoir et entendre, à titre purement privé, toute personne désirant leur exposer la situation des pays sous mandat ou leur présenter ses doléances personnelles.

Mais il n'appartient pas à la Commission de convoquer officiellement et d'entendre en séance des pétitionnaires ou autres, soit particuliers, soit associations privées, ou de procéder à des enquêtes sur place.

Ces conclusions demandent quelques commentaires.

D. — *Audition de particuliers à titre privé.*

Certains membres de la Commission ayant manifesté quelque doute sur l'admissibilité d'entendre en particulier des pétitionnaires qui ne seraient pas entendus par la Commission, le membre suisse (M. Rappard) fit connaître, au cours de la séance du 11 juin 1926, ses vues divergentes que le procès-verbal de cette séance rend en ces termes (1) :

« M. Rappard ne pense pas que ses collègues songent à proscrire toute entrevue entre les membres individuels de la Commission et des personnalités qui pourraient, par ailleurs, s'adresser à la Commission en tant que pétitionnaires. Il paraîtrait, en effet, excessif, et même quelque peu ridicule que les seuls individus au monde dont les membres de la Commission devraient éviter le contact fussent ceux qui pourraient, de vive voix, leur apporter des informations sur la situation des territoires sous mandat. Tout ce que l'on peut demander, c'est que de telles auditions gardent un caractère strictement privé et que les auteurs de pétitions qui seraient reçus par des membres de la Commission soient toujours informés que leurs entrevues n'avaient aucun caractère officiel ».

.' C'est surtout la fin de cette démonstration qui mérite d'être soulignée, ce qui d'ailleurs avait été fait antérieurement par le même orateur lorsque, dans la séance du 20 octobre 1925, la question fut soulevée par le président de savoir s'il devrait ou ne devrait pas entendre des pétitionnaires ou autres personnes qui s'adresseraient à lui pour lui demander une entrevue.

« Personnellement — dit M. Rappard à cette occasion (2) — il estime que le président ne doit jamais s'abstenir de recevoir une personne qui lui inspire suffisamment confiance et ne doit jamais refuser de l'écouter. Cependant, il suppose que le président spécifiera toujours clairement qu'il est dans l'impos-sibilité de se servir officiellement d'une déclaration quelconque, à moins qu'elle ne lui soit formellement remise par écrit ; en outre, la Commission ne peut jamais se prononcer sur des faits quelconques avant de les avoir communiqués à la Puis-sance mandataire. Tous les membres de la Commission ont le droit d'entendre les personnes qui se présentent devant eux pour réclamer une entrevue, mais il ne faut jamais laisser le

(1) Voir P. V., IX, p. 54.
(2) Voir P. V., VII, p. 34,

moindre doute dans l'esprit de ces personnes sur la situation et sur la procédure régulière ».

La question soulevée se trouva ainsi tranchée d'une façon si claire qu'elle ne provoqua aucune objection de la part des autres membres (1).

E. — *Audition officielle de pétitionnaires.*

Toute différente est la question de savoir s'il est loisible à la Commission d'entendre en séance les réclamations ou les explications de pétitionnaires, de représentants d'associations privées ou d'autres personnes.

Cette question fut soulevée la première fois au cours de ses séances du 25 et du 26 juillet 1923 (2) à l'occasion d'un échange de vues préliminaires sur le rapport de la Commission d'enquête chargée, par le Gouvernement de l'Union Sud-Africaine, de rechercher les causes de l'insurrection des Bondelswarts dans le territoire sous mandat du Sud-Ouest africain.

« L'Anti-Slavery and Aborigines Protection Society » à Londres fit parvenir à la Commission une lettre en date du 23 juillet 1923 (3) dans laquelle elle se déclarait prête à fournir le nom d'une ou de plusieurs personnes compétentes et en mesure d'exposer le point de vue des indigènes. La question se posa alors de savoir s'il serait possible à la Commission de donner suite à cette proposition.

Plusieurs membres ayant exposé leurs vues pour et contre, le directeur de la Section des mandats précisa (4) :

« Que la Commission des mandats a toujours devant elle trois espèces d'informations : les informations officielles, celles qu'elle tire des rapports annuels des Puissances mandataires ; les informations officielles qu'elle tire des réponses des

---

(1) Voir P. V., VII, p. 35. Le membre portugais (M. Freire d'Andrade) qui s'associa, ainsi que son collègue hollandais (M. van Rees), à l'exposé de M. Rappard, déclara de plus n'avoir jamais pensé « qu'il lui fût impossible, en tant que membre de la Commission, d'entendre qui que ce soit » ; aussi avait-il toujours accueilli tous les pétitionnaires qui se présentèrent devant lui.

(2) Voir P. V., III, p. 62 et 64 à 67.

(3) Reproduite en annexe des P. V., III, p. 287.

(4) Voir P. V., III, p. 66.

représentants accrédités des Puissances mandataires; enfin, les informations non officielles de tout genre qu'elle a demandé au secrétariat de lui fournir : coupures de journaux, interviews, comptes rendus de débats parlementaires, etc. Il ne peut s'agir, en l'espèce, que d'une information de ce troisième ordre. La Commission des mandats n'étant pas une cour de justice, elle ne peut guère convoquer facilement à sa barre des témoins, mais on ne voit pas pourquoi elle se priverait d'informations qui lui sont offertes ».

La Commission se rangea à cette conclusion et renonça à toute audition. Mais elle fit savoir à la Société susmentionnée qu'elle prendrait connaissance avec intérêt de toutes informations pertinentes adressées par écrit par des personnes qualifiées.

Depuis, l'audition de personnes non pétitionnaires ou d'organisations privées n'a plus été prise en considération. En revanche, l'audition de pétitionnaires a été discutée à maintes reprises.

Ces discussions, qui se poursuivirent au cours des huitième et neuvième sessions de la Commission, portèrent d'abord sur la question de savoir si, de son propre chef, il lui appartiendrait de consentir à de telles auditions.

Le membre britannique (Sir Frederick Lugard) fut d'avis « qu'il est entièrement de la compétence de la Commission d'entendre qui elle veut ».

« Il découle — dit-il — comme un corollaire du droit de présenter des pétitions, que la Commission doit pouvoir entendre les pétitionnaires si elle le juge nécessaire (1) ».

Il n'était donc pas — comme il l'avait déjà déclaré antérieurement — « opposé à l'audition de pétitionnaires, quand ils ont un grief particulier et bien défini », et ne voyait pas « comment la Commission peut prétendre examiner impartialement les pétitions si elle ne donne pas aux plaignants l'occasion de répondre aux déclarations de l'autre partie (2) ».

Son collègue portugais (M. Freire d'Andrade) émit le même

---

(1) Voir P. V., IX, p. 47 et 49.
(2) Voir P. V., VIII, p. 159.

avis quant à la question de principe. Il estima « que la Commission a le droit d'entendre les représentants des indigènes » (1). Le membre espagnol (M. Palacios), s'associant à ce point de vue, pensa « que la Commission a le droit de se renseigner par tous les moyens possibles, afin d'être à même d'accomplir consciencieusement sa tâche » (2).

Le membre suisse (M. Rappard) hésita « à se prononcer sur la compétence de la Commission dans cette question ». La question réellement importante, selon lui, « est celle de savoir si la Commission doit exercer un droit qu'elle considère comme douteux » (3).

Par contre, le membre hollandais (M. van Rees) auquel se rallia son collègue français (M. Roume) se prononça nettement pour la négative. « Pour ce qui est des pétitions — dit-il (4) — le Conseil, par sa résolution du 31 janvier 1923, a assigné à la Commission une fonction *exécutive*, déterminée par le dernier paragraphe de cette résolution. La Commission des mandats, étant essentiellement une Commission consultative et n'ayant dans le domaine exécutif d'autre pouvoir que le pouvoir limité qui lui a été conféré par le Conseil, ne saurait en aucune façon aller au delà de ce pouvoir. Or, la résolution précitée du Conseil impose à la Commission de juger sur les écrits et ne contient aucune autorisation de convoquer les auteurs des pétitions prises en considération. Il semble donc bien qu'une telle convocation est exclue, à moins que le Conseil ne l'autorise préalablement. Cet état de choses peut, sans doute, se révéler, dans certains cas, comme un vice de la procédure prescrite ; mais tant que celle-ci ne subira pas de modification, la Commission n'a qu'à s'y soumettre ».

Et ultérieurement, il souligna sa thèse en remarquant (5) :

« Cette fonction spéciale, qui ne peut être considérée comme résultant du rôle confié à la Commission par le Pacte et par sa Constitution, semble ne pouvoir être comprise que d'une

---

(1) Voir P. V., VIII, p. 158.
(2) Voir P. V., VIII, p. 160.
(3) Voir P. V., IX, p. 49.
(4) Voir P. V., VIII, p. 157 et 159.
(5) Voir P. V., IX, p. 50.

manière strictement juridique, c'est-à-dire que la Commission n'ayant pas été autorisée à convoquer les pétitionnaires, n'a pas le droit de s'attribuer cette autorisation ».

Finalement, le membre belge (M. Orts) ayant observé que même si la Commission était unanime à se reconnaître le droit de convocation, il conviendrait qu'elle n'en usât pas sans être assurée de l'accord du Conseil, le président constata qu'en général les membres étant d'accord que la question de la compétence ne devrait pas être tranchée par la Commission elle-même, il n'appartenait à celle-ci que de décider s'il convenait de faire sur ce point une recommandation au Conseil et, dans l'affirmative, d'arrêter les termes de cette recommandation (1).

C'est cette dernière question qui suscita encore de longs débats. Pourquoi la Commission y tenait-elle, en d'autres termes quel était le fond de sa pensée ?

Ce fut M. Rappard qui en donna l'explication, remarquable par sa clarté et sa concision.

« Aux termes de l'article 22 du Pacte — observa-t-il (2) — la Société des Nations est en présence d'un tuteur qui administre et de mineurs dont les intérêts sont gérés par ce tuteur. Ayant pour mission de veiller à la bonne exécution de ce mandat, il va sans dire que la sollicitude de la Commission est acquise au mineur. Or, le mineur, la Commission ne le voit jamais. Elle ne connaît ses doléances que par des documents sur lesquels elle n'a aucune possibilité de contrôle, et qu'elle doit examiner à la lumière des déclarations du tuteur. Par conséquent, il serait regrettable que les représentants de l'autorité tutélaire vissent, dans l'importance que la Commission attache aux doléances du mineur, autre chose que la manifestation de son devoir même. La situation de la Commission en présence des pétitions est extraordinairement fragile ; le fait a déjà souvent été constaté. La Commission est saisie de pétitions ; elle demande à la Puissance mandataire, contre l'action de laquelle sont dirigées ces péti-

____

(1) Voir P. V., IX, p. 50.
(2) Voir P. V., VIII, p. 51.

tions, ce qu'elle en pense et, en somme, elle ne peut que s'incliner devant cette réponse ».

Voilà la situation embarrassante dans laquelle la Commission se vit placée et qui l'amena à rechercher le moyen d'y remédier, tout en restant fidèle au principe qui inspira toujours toute son activité et qui lui impose d'éviter tout ce qui pourrait porter atteinte à l'autorité et au prestige de la Puissance mandataire.

Comment la Commission a-t-elle conçu ce problème ?

C'est une note, rédigée par M. Rappard à la demande de ses collègues et annexée aux procès-verbaux de la neuvième session, qui nous donne la réponse (1).

Cette note, résumant les préoccupations de tous les membres, mérite d'être reproduite intégralement.

En voici la teneur :

« L'embarrassante question de procédure en matière de pétitions a, une fois de plus, retenu l'attention de la Commission permanente des mandats. Les dispositions, approuvées par le Conseil, qui fixent cette procédure, sans exclure l'audition des pétitionnaires par la Commission, ne la prévoient pas non plus expressément. S'inspirant de l'esprit de ces dispositions, la Commission s'est, jusqu'ici, interdit d'entendre à ses séances les pétitionnaires désireux de présenter oralement devant elle leurs doléances. Elle a estimé, en effet, que le Conseil, en prévoyant qu'aucune pétition ne devrait être examinée par la Commission sans que la Puissance mandataire intéressée ait eu l'occasion, au préalable, d'y joindre ses observations, semblait avoir implicitement exclu la possibilité d'une entrevue personnelle entre la Commission et les pétitionnaires.

« La Commission partage pleinement les sentiments dont se sont inspirées les décisions du Conseil à cet égard. L'expérience acquise au cours de ces dernières années lui a révélé, cependant, que la procédure prévue pouvait, dans certains cas exceptionnels, ne répondre qu'imparfaitement aux intentions du Conseil, désireux d'assurer l'examen complet et

---

(1) Voir P. V., IX, p. 192.

impartial des doléances dont peut être saisie la Commission.

« Lorsqu'une telle doléance est soumise à la Commission, celle-ci, conformément à la procédure en vigueur, l'examine à la lumière des observations de la Puissance mandataire et à l'occasion des déclarations du représentant accrédité. Si entière que soit la confiance des membres de la Commission dans la bonne volonté de toutes les Puissances mandataires, ils ne peuvent parfois se défendre d'un certain malaise en écartant purement et simplement les pétitions sur le vu des observations de l'Etat contre l'action duquel elles sont dirigées.

« Je me demande si, tant pour mettre la Société des Nations à l'abri du reproche de partialité apparente que peut, dans certains cas, susciter cette procédure quelque peu unilatérale, que pour dissiper des malentendus réels qu'elle a pu laisser subsister, il ne conviendrait pas d'envisager son perfectionnement.

« D'autre part, mes collègues sont comme moi pleinement conscients de tous les inconvénients, des dangers mêmes, que pourrait offrir l'adoption de règles nouvelles où des esprits malintentionnés ou simplement peu éclairés pourraient voir comme un encouragement à la récrimination. La Commission tient, avant tout, à ne rien faire qui soit de nature à alourdir inutilement l'onéreuse tâche des Puissances mandataires. Elle est, en effet, particulièrement bien placée pour apprécier la haute conscience qu'elles apportent à administrer, au nom de la Société des Nations, les territoires qui leur sont confiés. De plus, on pardonnera à la Commission, si elle ne désire pas davantage rendre plus absorbante encore sa propre mission.

« Pour apaiser les scrupules de conscience qu'ont pu éprouver certains de ses membres et pour concilier le devoir d'impartialité qui leur incombe avec leur très vif désir d'éviter la multiplication des pétitions, la Commission pourrait soumettre à l'examen du Conseil la suggestion suivante.

« Les règles actuellement en vigueur seraient intégralement maintenues. Si, cependant, la procédure ayant suivi son cours normal, n'avait pas permis à la Commission de se faire, sur les mérites d'une pétition, une opinion nette, certaine et définitive, et si les pétitionnaires, informés des conclusions auxquelles elle aurait abouti, revenaient à la charge en sollicitant le privilège d'être entendus par elle, la Commission pourrait délibérer au sujet de cette nouvelle requête. Il serait entendu que la seconde pétition devrait parvenir à la Commission par la même voie que la première et qu'elle ne serait prise en considération par elle qu'après que la Puissance mandataire ait eu toute possibilité de faire connaître son avis sur cette requête.

« Dans ce cas, la Commission, après un nouvel examen appronfondi de cette demande motivée, pourrait décider de la suite qu'il conviendrait de lui donner. Si elle estimait qu'une audition des pétitionnaires serait vraiment de nature à éclaircir une situation qui, sans elle, demeurerait obscure, elle pourrait décider d'entendre les pétitionnaires. La Puissance mandataire serait informée de cette décision en temps utile pour permettre à son représentant accrédité, si elle devait le juger opportun, d'assister à l'audition des pétitionnaires. Il serait entendu que la Commission s'interdirait absolument toute entrevue officielle avec ces derniers hors de la présence du représentant accrédité de la Puissance mandataire, sans s'être assurée, au préalable, que celle-ci préfère ne pas s'y faire représenter.

« Il serait évidemment entendu, de plus, que la procédure nouvelle ne pourrait s'appliquer qu'à des pétitions jugées recevables aux termes des règles actuellement en vigueur. Toutes doléances et récriminations relatives à des questions étrangères à l'exécution du mandat dont les termes ont été arrêtés par le Conseil lui-même seraient d'emblée écartées.

« Si délicat que soit l'objet de la présente suggestion et si rare que seraient nécessairement — et fort heureusement — les recours à la procédure nouvelle proposée, son adoption pourrait peut-être, dans certaines occurrences exceptionnelles, avoir pour effet de dissiper des malentendus regrettables. Ainsi, loin de rendre plus difficile la tâche des Puissances mandataires, la procédure proposée pourrait même, le cas échéant, la faciliter ».

Ces considérations démontrent bien le grand souci que la Commission a des difficultés de la tâche des Puissances mandataires. Désireuse d'écarter toute apparence même de contribuer à augmenter ces difficultés, la Commission, après de nouveaux échanges de vues (1), décida de s'abstenir de toute recommandation au sujet de l'audition de pétitionnaires, de sorte que son neuvième rapport au Conseil ne contient, sous le titre « Pétitions », que le passage suivant :

« La Commission a fait une nouvelle étude approfondie de la procédure en vigueur en matière de pétitions. L'expérience ayant montré que, parfois, il lui a été impossible de se faire une opinion définitive sur le bien-fondé de certaines pétitions, il a semblé à la Commission que, dans ces cas, il pourrait apparaître indispensable de permettre aux pétitionnaires d'être entendus par elle. La Commission ne voudrait cependant pas formuler une recommandation expresse à ce sujet avant d'être informée de la manière de voir du Conseil ».

*
* *

L'accueil fait à cette suggestion fut nettement défavorable.

Le rapporteur au Conseil en matière de mandats, M. Unden, après avoir exposé la question dont il s'agissait, conclut comme suit dans son rapport présenté au cours de la séance du 3 septembre 1926 :

« Etant donné que la Commission ne nous a présenté aucune proposition, je me permets de soumettre à mes collègues la question de savoir s'il conviendrait de demander à la Commission d'établir certaines règles relatives à l'audition de pétitionnaires, ces règles devant être soumises au Conseil au cours d'une session ultérieure. Personnellement, j'incline à penser que l'on pourrait autoriser la Commission à formuler un projet de proposition de ce genre ».

Aucun des autres membres ne se rallia à cette procédure.

« Sur le second point (2) — remarqua le représentant de

---

(1) Voir P. V., IX, p. 55 et 130.
(2) Le premier a été traité ci-dessus, voir p. 109 sv.

l'Empire britannique, Sir Austen Chamberlain — le rapporteur a demandé l'opinion du Conseil. Il s'agit de savoir s'il est désirable que la Commission des mandats entende les pétitionnaires en personne, en quelque circonstance que ce soit et, dans l'affirmative, comment il y aurait lieu de formuler les conditions auxquelles il pourrait leur être donné audience. Cette proposition lui semble d'un caractère excessif. En cette matière, plus fortement encore que dans le cas du questionnaire, il croit qu'il serait peu sage, imprudent et même dangereux pour le Conseil de prendre une décision quelconque avant d'être saisi des observations des divers Gouvernements mandataires sur la suggestion (car il ne s'agit pas d'une recommandation) de la Commission des mandats.

« Il faut observer qu'il existe trois espèces de mandats et qu'une procédure appropriée pour l'une ne serait pas nécessairement tout aussi appropriée pour une autre. Les territoires sous mandat C doivent être administrés, d'après le Pacte, comme une partie intégrante du territoire du mandataire.

« A première vue, il serait au plus haut degré inopportun d'admettre que des pétitionnaires venant de ces territoires se présentent devant la Commission des mandats. Cela lui semblerait incompatible avec le fait que ces territoires font « partie intégrante » du territoire du mandataire. La proposition n'est pas tout à fait aussi dangereuse, mais elle l'est sans doute presque autant en ce qui concerne d'autres territoires. En tout cas, il demande instamment au Conseil de ne pas prendre de décision à ce sujet avant d'avoir reçu les observations de ceux qui ont la responsabilité directe et immédiate de la paix, de l'ordre et de la bonne administration des territoires sous mandat et avant d'avoir examiné très attentivement tous les arguments qu'ils auraient à faire valoir ».

Les autres représentants de Puissances mandataires s'étant associés pour des raisons d'ordre essentiellement politique au point de vue de leur collègue britannique, le Conseil décida, dans sa séance du 4 septembre 1926, de charger le Secrétaire général « de prier les Puissances mandataires de bien vouloir lui faire connaître leurs vues au sujet de la question soulevée par la Commission permanente des mandats dans son rapport, d'entendre, dans certains cas, les pétitionnaires ».

Ces Puissances se déclarèrent unanimement, dans leurs réponses respectives, opposées à toute audition de pétitionnaires. Elles firent remarquer qu'une procédure de ce genre, entraînant l'audition simultanée d'un représentant de la Puissance mandataire, équivaudrait à la conduite d'un débat contradictoire devant la Commission, et que toute procédure qui pourrait ressembler à la transformation de la Commission en un tribunal serait incompatible avec la nature même du système des mandats. Elles ajoutèrent que l'audition des pétitionnaires affaiblirait l'autorité que la Puissance mandataire doit posséder pour accomplir sa tâche avec succès et qu'elle pourrait donner lieu à des intrigues de la part de ceux qui sont plus désireux de favoriser le désordre que de porter remède aux imperfections. En outre, on rappela que le droit de pétition est soumis à une réglementation dans plusieurs pays et que, même dans les pays dotés de constitutions les plus libérales, les pétitionnaires n'ont généralement pas droit à une audition de la part des autorités compétentes.

« J'estime — dit le rapporteur au Conseil (M. Doude van Troostwyk) — que mes collègues reconnaîtront le bien-fondé de beaucoup des objections que les Puissances mandataires ont fait valoir dans leurs réponses. La procédure concernant les pétitions a été établie par le Conseil pour donner à la Commission un moyen supplémentaire de se procurer des renseignements sur les conditions existant dans les territoires sous mandat et de lui permettre ainsi d'accomplir d'une façon encore plus satisfaisante la tâche qui lui a été confiée aux termes du Pacte et qui consiste à donner au Conseil son avis sur toute question relative à l'exécution des mandats. Il importe que la Commission ait à sa disposition tous les moyens convenables qui lui permettront d'obtenir ces renseignements. Toutefois, il ne serait pas opportun de poursuivre ce but par des moyens qui risqueraient de modifier le caractère même de la Commission. Cette Commission, comme on l'a fait remarquer à juste titre, n'a pas et ne doit pas avoir le caractère d'un tribunal dans les cas de différends entre des pétitionnaires privés et les Puissances mandataires. Si la Commission désire des renseignements complémentaires sur des points particuliers d'une pétition, elle pourra s'adresser à la Puissance mandataire qui sans doute ne manquera pas de satisfaire à cette demande. Si, dans un cas spécial, les faits montraient qu'il serait impossible d'obtenir par ce moyen tous les renseignements nécessaires, le Conseil pourrait, ainsi que le Gouvernement belge l'a signalé dans sa réponse, décider de la procédure exceptionnelle qui paraîtrait justifiée et nécessaire dans les circonstances particulières. La collaboration si étroite et si fructueuse cependant qui, jusqu'à présent, a heureusement existé entre la Commission et les Puissances mandataires est la meilleure garantie que ces cas resteront tout à fait exceptionnels, et il ne serait pas opportun d'insérer dans le Règlement concernant les pétitions des prescriptions générales visant cette éventualité ».

Ces considérations amenèrent le Conseil à adopter, au cours de sa séance du 7 mars 1927, sans discussion et conformément à la proposition du rapporteur, la résolution suivante :

« Le Conseil, ayant pris connaissance des réponses des Puissances mandataires au sujet de l'audition, dans certains cas, de pétitionnaires par la Commission permanente des mandats, exprime l'avis qu'il n'y aurait pas d'avantage à modifier la procédure suivie jusqu'à présent par la Commission dans cette question ».

F. — Enquêtes sur place.

On a prétendu qu'il serait loisible à la Commission de procéder à des enquêtes sur place pour parfaire sa documentation. Cette affirmation paraît plus contestable encore que la faculté de convoquer et d'entendre officiellement des personnes ou des institutions privées.

Il est vrai, comme le font remarquer certains auteurs, que le contrôle de la gestion mandataire dans tous ses détails ne pouvant être exercé pratiquement par le Conseil sans le concours actif de la Commission des mandats, aucune justification ne serait nécessaire pour permettre à celle-ci de se rendre compte *de visu* de ce qui se passe dans les territoires soumis au mandat. Il n'en demeure pas moins vrai que, tant que le droit d'enquêter sur place ne lui a pas été conféré, ce droit ne lui appartient pas.

Sur ce point, d'ailleurs, il ne s'est pas produit de divergence de vues au sein de la Commission.

Cependant, en ce qui concerne l'opportunité et l'utilité d'enquêtes spéciales, il a paru que les opinions des membres étaient partagées.

Ayant été désigné, au cours de la septième session de la Commission, comme rapporteur d'une pétition du Comité exécutif du Congrès arabe de Palestine, le membre espagnol (M. Palacios), considérant que la Commission n'avait pas pu être suffisamment éclairée par les explications officielles fournies au sujet de cette pétition, arriva à la fin de son rapport à la conclusion suivante (1) :

« Que la Commission examine la suggestion (émise par le pétitionnaire) d'une visite en Palestine, le voyage devant être effectué au moment où, d'accord avec le Conseil, elle le jugera opportun et possible ».

Cette recommandation souleva dans la séance de la Commission du 28 octobre 1925 la question générale de principe (2).

Les discussions qui s'ensuivirent, quoique longues, ne révélèrent nettement, quant à la question concrète posée, que le point de vue de deux des membres.

Le membre hollandais (M. van Rees) estima que, « d'une manière générale et d'un point de vue *théorique*, l'octroi à la Commission du droit d'enquête constituerait, non seulement pour la Commission elle-même, mais pour tout le système des mandats, un pas en avant ».

« Cependant — ajouta-t-il — comme toute question d'une certaine importance, la question en discussion a du pour et du contre, et il serait à craindre que le contre l'emportât sur le pour. Si l'on limite le droit d'enquête à des *pétitions* portant sur une partie ou sur l'ensemble de la gestion de la Puissance mandataire, ce qui constituerait bien le maximum de ce qu'on

---

(1) Voir P. V., VII, p. 181.
(2) Voir P. V., VII, p. 123 à 129,

pourrait accorder à la Commission, il en résulterait pratiquement que l'enquête ne pourrait s'arrêter à quelque point concret, et fatalement, embrasserait toute la politique mise en vigueur dans le territoire sous mandat. Serait-il concevable que la Puissance mandataire intéressée puisse se soumettre à une telle enquête qui, quelle que soit la manière dont elle pourraît être conduite, ne manquerait pas, surtout dans un pays agité, d'affecter sérieusement le prestige du Gouvernement » ?.

Invoquant ensuite des objections d'ordre pratique, il conclut, tout en soulignant le fait que la Commission des mandats ne constitue qu'un organe purement consultatif, que bien qu'en *principe* l'octroi du droit d'enquête représenterait un avantage, cette procédure entraînerait, d'autre part, tant d'inconvénients qu'il tint à réserver sa voix.

Le membre britannique (Sir Frederick Lugard) se prononça d'une manière plus explicite encore : il considéra comme irréalisable la suggestion tendant à ce que la Commission visite elle-même la Palestine ou charge de cette tâche une sous-commission.

« Aucune Puissance mandataire — dit-il — ne saurait accepter une telle procédure, qui porterait inévitablement atteinte à son prestige. En effet, la Commission ou la sous-commission serait dans la situation d'une Commission d'enquête devant laquelle la Puissance mandataire comparaîtrait comme défenderesse. S'il existait certains points précis, tels qu'un litige sur une frontière ou des mesures de répression, l'opportunité d'une enquête pourrait se concevoir, mais, dans ce cas, il appartiendrait au Conseil de désigner la Commission d'enquête, qui pourrait être ou non composée de membres de la Commission des mandats, et le devoir de celle-ci se bornerait à déclarer au Conseil qu'à son avis une enquête sur place est nécessaire. De plus, des difficultés matérielles rendraient presque impossible l'envoi d'un nombre suffisant de membres de la Commission en Palestine ou dans tout autre territoire sous mandat ».

Sir Frederick Lugard, reprenant un peu plus tard la question de principe, remarqua encore :

« Ce que M. Palacios cherche à établir, c'est le principe général que la Commission reçoive le droit de faire elle-même des enquêtes sur place ou d'envoyer, à cet effet, une Commission dans tout territoire sous mandat où elle estimerait nécessaire une telle enquête.

« A son avis, une visite de la Commission tout entière dans n'importe quel territoire sous mandat est absolument irréalisable ; et quelle est la sous-commission qui pourrait prendre la responsabilité de condamner l'ensemble de la politique d'une Puissance mandataire et de suggérer une nouvelle politique ?

« Cependant, si un membre de la Commission était invité par la Puissance mandataire à se rendre, par exemple en Palestine, le cas serait alors tout différent ; il ne se rendrait pas dans ce pays avec les fonctions appartenant à une Commission d'enquête. Pour lui, il ne saurait être question d'une Commission d'enquête envoyée par la Commission permanente des mandats pour étudier la politique du mandataire sur place ».

Le membre suisse, M. Rappard, enfin, se déclara pleinement convaincu de l'utilité d'une visite en Palestine, attendu qu'à la suite de la visite que lui-même avait rendue à ce pays, sa façon de voir avait été entièrement modifiée. « Il serait donc — releva-t-il — extrêmement heureux pour la Commission que quelques-uns de ses membres pussent aller en Palestine. Toutefois, il ne croit pas que la Commission doive suggérer de se rendre en corps dans le pays, car une telle proposition provoquerait inévitablement une explosion de sentiments de la part de tous ceux qui ne sont pas satisfaits de l'administration de la Puissance mandataire ».

Aucun des autres membres ne s'opposa aux vues exposées ci-dessus. Il se dégage donc de la discussion que la Commission, non seulement ne s'est pas reconnu le droit de procéder à des enquêtes sur place dans les pays mandatés, mais encore qu'elle n'a pu se résoudre à suggérer au Conseil de lui conférer ce droit (1). Elle a reconnu, cependant, que dans des cas excep-

---

(1) Ce point de vue fut maintenu ultérieurement au cours de sa neuvième session ; voir P. V., IX, p. 56 et 190 (§ 8).

tionnels, il lui appartiendrait de proposer l'envoi d'une Commission d'enquête sans que celle-ci doive nécessairement être la Commission des mandats elle-même ou comprendre certains de ses membres.

SECTION V

Le rôle de la Commission des mandats

—

La Commission des mandats est essentiellement — il ne paraît pas inutile de le répéter — une Commission consultative chargée d'un travail préparatoire à l'intention du Conseil de la Société des Nations.

Elle ne juge pas et n'est appelée qu'à donner des avis.

Grâce à la documentation écrite dont elle dispose et aux informations complémentaires qui lui sont fournies verbalement, elle rend compte au Conseil des résultats de l'examen détaillé auquel elle a procédé de l'administration des régions soumises au mandat. Elle émet des vœux et présente des observations accompagnées ou non de recommandations concrètes d'un ordre général ou particulier, mais elle ne prend pas de décisions obligatoires pour les Puissances mandataires.

Cet ordre de choses a, mieux qu'aucun autre, été exposé par un auteur qui, ayant visiblement participé aux travaux de la Commission à titre officiel, définit la place assignée à cet organe dans le mécanisme de la Société comme suit :

« Celle-ci (la Commission) est chargée d'instruire les questions sur lesquelles il appartient au Conseil de décider, dans la mesure où la Société des Nations elle-même peut, juridiquement, prendre des décisions en ce qui concerne les mandats. Le fait que l'article 3 du Règlement intérieur de la Commission règle les conditions dans lesquelles elle peut prendre des « décisions » ne prête à aucune équivoque. Les décisions de la

Commission ne portent que sur les avis et conclusions qu'il est de son rôle de transmettre au Conseil. La Commission est donc non un tribunal chargé de trancher les questions qui surgissent relativement aux mandats, mais un organe consultatif d'étude et d'instruction destiné à permettre au Conseil de se prononcer dans toute la mesure où il appartient à celui-ci de le faire en matière de mandats. C'est ce qui explique que les rapports des Puissances mandataires comme ceux de la Commission ne sont rendus publics qu'après que le Conseil a été saisi des observations que la Commission lui transmet à la suite de l'examen des rapports des Mandataires en présence de leurs représentants accrédités. Tout ce qui se fait avant cet examen est un travail purement intérieur aux organes de la Société des Nations et doit être adopté ou amendé par le Conseil » (1).

En résulte-t-il qu'à ces conditions l'activité de la Commission ne saurait avoir qu'une importance toute secondaire, sans aucun effet appréciable pour la sauvegarde du régime et des dispositions particulières des mandats ?

La pratique, jusqu'à présent, s'est prononcée dans un sens tout différend, ce qui n'a pas échappé à l'auteur auquel il a été fait allusion.

« Mais — ajouta-t-il à ses observations qui viennent d'être citées — cette limitation au droit des attributions de la Commission n'empêche pas celle-ci de jouer un rôle très important. Ses conclusions déterminent dans la plus large mesure celles du Conseil lui-même qui ne fait d'habitude que les reproduire avec de légers amendements. A mesure que le temps passe, que les traditions s'établissent et que les situations se consolident, il apparaît que la Commission des mandats exerce une magistrature et prend des responsabilités dont l'importance a pour mesure l'autorité morale qu'exerce la Société des Nations sur l'opinion internationale, sur celle des peuples mandataires, et sur celle des populations mêmes confiées aux mandats. Les Gouvernements mandataires ont donc à se

____

(1) « Le contrôle par la Société des Nations du mandat pour la Syrie et le Liban », l'Asie française, mai 1926, p. 180.

soucier sérieusement des conclusions qu'inspire à la Commission l'examen de leur gestion ».

S'il en est ainsi, comment alors expliquer cette divergence
entre le principe de sa mission et la situation de fait résultant
de l'exécution de cette mission ?

Ce principe a-t-il été méconnu ? Ou bien, la Commission
a-t-elle délibérément dépassé sa compétence ?

Rien ne permet de l'affirmer.

La Commission, n'ayant pas été instituée comme une sorte
de cour de justice administrative dont, d'ailleurs, elle ne
possède aucune des attributions indispensables au bon fonctionnement, n'a jamais manifesté la moindre tendance à
vouloir s'ériger en tribunal, quoiqu'elle n'ait pas pu se défendre
de regretter parfois, dans des cas exceptionnels, d'être contrainte de fonder ses conclusions en toute matière sur la
documentation fournie officiellement sans pouvoir jamais
entendre la voix de quelque représentant des peuples mineurs.
En outre, elle s'est toujours soigneusement gardée de dépasser
le cadre de sa compétence définie par le Pacte et sa Constitution, compétence qui ne lui donne qualité que pour apporter
son concours actif et désintéressé en vue du maintien intégral
du système des mandats.

Comme le déclare l'auteur cité, le rôle de la Commission
s'est révélé néanmoins plus important qu'on ne put le prévoir
au début. Ce résultat ne saurait être expliqué que, d'une
part, par le souci constant de sa responsabilité morale qui a
guidé toute l'action de la Commission ; d'autre part, par
l'appui apporté par les Puissances mandataires qui, n'ayant
rien à cacher, ne se sont jamais refusées à prêter leur précieuse
collaboration et, en dernière analyse, par la publication de
toute l'œuvre accomplie et par l'accueil bienveillant que l'Assemblée, le Conseil et l'opinion publique réservèrent aux travaux de la Commission.

Quant à la conception que celle-ci se fit de sa tâche, l'article
en question nous renseigne encore :

« Nous ne saurions montrer ici en détail comment la Commission remplit sa tâche : ce serait là faire la revue de toutes les
questions qu'a à traiter l'autorité mandataire. Ses membres

abordent en effet tous les points qui touchent au gouvernement et à l'administration du pays sous mandat et cherchent à être renseignés sur tous. Ayant rempli, pour la plupart, de hautes fonctions pour leurs gouvernements, spécialement dans les colonies, ils ne se contentent pas de demander un exposé d'idées générales. Ils examinent, avec un esprit formé par l'expérience personnelle, les institutions, les lois, les statistiques, et ils le font aussi avec une grande élévation 'd'esprit. Ils ne sont pas les représentants de tel ou tel pays, chargés de faire prévaloir ses intérêts ; ils agissent comme des examinateurs impartiaux investis d'une magistrature non par telle ou telle puissance, mais par la Société des Nations. La politique particulière des différents pays s'arrête sur le seuil de la Commission. Minutieuse et sincère, celle-ci fait un examen aussi complet qu'impartial de l'exercice des mandats dont elle étudie les rapports ; on ne pourrait donc, sans être presque aussi long que ses procès-verbaux, la suivre sur tous les points qu'elle aborde ».

Cet exposé ne demande guère de commentaires.

Conformément à l'étendue du droit d'examen de la Commission — qui va de pair, comme il a été démontré plus haut, avec le droit de contrôle du Conseil (1) — celle-ci étudie l'ensemble de l'administration des différents territoires, à la lumière des principes formulés par le Pacte et des dispositions figurant dans les mandats particuliers. Elle ne se borne donc pas à la tâche négative qui consiste à vérifier si les mandataires se sont maintenus dans les limites des pouvoirs qui leur ont été conférés, mais elle examine également s'il a été fait un bon usage de ces pouvoirs et si l'administration a été conforme aux intérêts des populations indigènes.

Cette conception, parfaitement légitime, ne pouvait manquer de créer un certain dualisme. Alors que la Commission a le devoir de suivre minutieusement ce qui se passe dans les divers territoires et par conséquent d'apprécier les mesures prises en exécution des mandats, la conscience qu'elle a de sa responsabilité lui impose également le devoir de s'associer

____

(1) Voir p. 48 ci-dessus.

aux efforts des gouvernements mandataires sans jamais mani-
fester quelque tendance à vouloir se substituer à eux.

Ce dualisme, qu'elle n'a jamais perdu de vue, elle a tenu à le
mettre en évidence dans son huitième rapport au Conseil
dans les termes suivants :

« La tâche de la Commission est à la fois une tâche de contrôle
et de collaboration. Elle doit, en soumettant les rapports des
Puissances mandataires à un examen approfondi, déterminer
dans quelle mesure les principes du Pacte et des mandats
ont trouvé dans l'administration des divers territoires leur
application effective. Mais elle doit aussi faire tout ce qui
dépend d'elle pour faciliter aux Puissances mandataires l'exécution de la haute et difficile mission qu'elles accomplissent
au nom de la Société des Nations et dont elles rendent compte
au Conseil.

« Contrôle et collaboration sont deux fonctions qui, sans
être incompatibles ni contradictoires, ne sont pas, dans leur
exécution simultanée, sans présenter de réelles difficultés.
Si, en effet, la Commission des mandats avait pour seule
mission de surveiller l'administration des territoires sous
mandat, il serait naturel que, dans tous les cas embarrassants,
elle proposât de visiter elle-même ces territoires ou qu'elle
recommandât des enquêtes sur place. Si, d'autre part, la
seule mission de la Commission était de faciliter la tâche de la
Puissance mandataire, elle devrait lui prodiguer des encoura-
gements en s'interdisant toute appréciation critique qui,
parvenant à la connaissance de ses administrés, pourrait lui
susciter des embarras et rendre plus difficile l'exécution de sa
tâche de gouvernement ».

Ces remarques définissent bien le caractère à la fois pénible
et délicat de la tâche dont la Commission a été chargée.

En a-t-elle été pronfondément consciente sans perdre de
vue le double aspect de cette tâche ?

L'exposé fait, au cours de cette étude, des méthodes suivies
et des principes qui ont présidé à tous les travaux de la Commission répond à cette question. La réponse est fondée sur les
faits eux-mêmes qui ont témoigné constamment du désir
inaltérable de la Commission d'accomplir un travail sérieux

et de sa conviction profonde que ce travail serait inévitablement voué à l'insuccès s'il était poursuivi dans un esprit de
parti pris ou de critique.

Ces faits, considérés sans idée préconçue, prouvent que la
Commission n'a manqué ni à son devoir ni à la sagesse qu'il
réclame. Elle n'a, à aucun moment, oublié que ses relations
avec les Puissances mandataires devaient se caractériser par
un esprit de collaboration sincère. En outre, tout en accomplissant avec une sereine fermeté son devoir d'examen impartial,
elle s'est toujours attachée à éviter de fournir des éléments à
toute agitation politique en relevant les insuffisances que ses
travaux ont pu lui révéler, et s'est efforcée, au contraire, à
faire ce qui dépend d'elle pour contribuer sans cesse à l'amélioration du fonctionnement du régime des mandats.

TABLE DES MATIÈRES

CHAPITRE II

La Commission permanente des mandats

10

BAR-SUR-SEINE, IMP. SAILLARD. — L. GOUSSARD, SUCC^r

LES
Mandats Internationaux

Le Contrôle International
de l'Administration Mandataire

PAR

D. F. W. Van REES

VICE-PRÉSIDENT DE LA COMMISSION PERMANENTE DES MANDATS

PARIS

LIBRAIRIE ARTHUR ROUSSEAU

ROUSSEAU & C°, Editeurs

14, RUE SOUFFLOT, ET RUE TOULLIER, 13 (v')

—

1927